사람들은 자신의 콤플렉스를 떨쳐 버리려 할 것이 아니라
콤플렉스와 잘 어울리려고 노력해야 한다.
지그문트 프로이트

자신의 관습이 아닌 것을
사람들은 야만이라고 부른다.
미셸 드 몽테뉴

조언을 한다는 것은 의심스러운 요법이다.
하지만 일반적으로 큰 해로움은 없을 것이다.
왜냐하면 별 효과도 없기 때문이다.

카를 융

무엇이든 희망을 갖는다는 것은 그 자체로 훌륭한 행동이다.

요한 볼프강 폰 괴테

특별한 마음을 위한
심리학

특별한 마음을 위한 심리학

펴낸날 2023년 3월 10일 1판 1쇄

지은이_야오야오
옮긴이_김진아
펴낸이_김영선
편집주간_이교숙
교정교열_정아영, 나지원, 이라야
경영지원_최은정
일러스트_다즈랩
디자인_바이텍스트
마케팅_신용천

펴낸곳 (주)다빈치하우스-미디어숲
주소 경기도 고양시 일산서구 고양대로632번길 60, 207호
전화 (02) 323-7234
팩스 (02) 323-0253
홈페이지 www.mfbook.co.kr
이메일 dhhard@naver.com (원고투고)
출판등록번호 제 2-2767호

값 16,800원
ISBN 979-11-5874-180-8 (03180)

야오야오 지음 · 김진아 옮김

특별한 마음을 위한 심리학

꼭꼭 숨겨진
인간 심리에 대한 이해

미디어숲

암흑의 심리가 숨겨진
판도라의 상자를 열다

2022년 6월, 우리 곁에 전혀 경험해 보지 못했던 한 변호사가 나타났다! 자기소개조차 할 줄 모르는 이 이상한 변호사가 과연 사건을 제대로 파악하고 의뢰인을 변호할 수 있을지, 재판정에서 제대로 변론이나 할 수 있을지 의심을 가지려던 순간, 그녀는 아무도 예상치 못했던 시각으로 사건을 파헤치며 일반인을 능가하는 능력을 발휘한다.

얼마 전 센세이션을 일으켰던 드라마 「이상한 변호사 우영우」 이야기다.

이 변호사는 제목 그대로 '이상한' 변호사다. 우리 주위에서 보기 힘든 인간 군상 중 하나이기에 '이상하다'라고 표현한 것이다. 그녀의 가장 큰 특징은 '소통'의 단절이다. 대화를 할 때 눈을 마주치고 이야기하지 못하며 누구나 느끼는 희노애락을 제대로 느끼지 못한다. 그래서 사람들은 그녀를 '이상한 사람'으로 인식한다. 그런데 생각해 보자. '이상하다'라는 것이 무엇일까? '이상하다'의 사전적 정의를 보면 '정상적인 상태와 다르다', '지금까지의 경험이나 지식과는 달리 별나거나 색다르다'라는 뜻이다. 그렇다면 '정상'이라는 것은 무엇일까? 누가, 무슨 기준으로 '정상'과 '비정상', '이상'의 개념을 심어놓은 것일까? 알 수 없다. 그저 다수의, 일반적인 생각과 행동을 하는 것이 '정상'일 뿐이다. 수적으로 많기 때문에 단순히 그들을 '정상'이라고 표현하는 것뿐이다.

세상에는 너무나 많고 다양한 모습의 인간이 살고 있다. 그리고 우리는 그 수많은 사람 중 대부분을 차지하는 사람들을 '정상'의 기준에 세워놓고, 그 범위를 벗어난 소수들을 '비정상'적이고 '이상한' 사람으로 치부한다. 하지만 이것은 자칫 무서운 일이 될 수도 있다. 그리고 이런 일들은 이제 아무렇지 않게 행해지고 있다. 그리고 무언가 이상하고, 별나고, 독특한 것이 도드라지면 사람들은 일단 인상을 찌푸리고 등을 돌리거나 눈을 감으려 한다. 자신과 다른 것을 보고 싶어 하지 않고, 깊은 상자에 묻어서 자물쇠마저 잠가 놓으려 하는 것이다.

이제 우리는 '정상'과 '비정상'의 경계를 서서히 허물어야 한다. 그리고 '다름'을 받아들여야 한다. 따지고 보면 소위 '정상인'끼리도 서로를 손가락질하며 '저 사람은 이상하다'고 표현한다. 나와 다르기 때문에 이상하다고 말하는 것이다.

지금부터 『특별한 마음을 위한 심리학』은 우리가 깊이 숨겨두고 외면하려 했던, 이른바 '정상인'과 다르다고 치부받던 소수인들의 이야기, 어둠 속에 묻혀 있던 심리 상자를 오픈하려 한다. 상자 안에는 '자폐 스펙트럼'부터 '반사회적 인격 장애인 소시오패스와 사이코패스', '동성애', '은밀하게만 이야기되던 성의 금기 사항' 등 지금까지 누가 들을까 늘 숨어서 소곤거렸던 이야기들이 담겨있다.

책을 읽으면 다소 불편한 이야기들을 마주치게 될 것이다. 어쩌면 책장을 덮고 싶을지도 모를 일이다. 하지만 이 이야기는 현재 지구상에서 일어나는 일들이고, 드러나지 않지만 어디선가 살고 있는 사람들의 이야기다. 우리는 그들이 왜, 어떤 이유로 '정상'과는 다른 생활을 하고 있으며, 어떻게 바라봐야 하는지 살펴봐야 한다.

앞서 거론했듯이 드라마 「이상한 변호사 우영우」에서 '자폐 스펙트럼'을 앓고 있는 주인공의 가장 일반적인 특징은 '사회적 단절'이다. 이들은 좀처럼 상대방과 눈을 마주치려 하지 않고 길게 대화를 나누려 하지 않는다. 이들은 외부에서 받아들이는 온갖 정보들을 아예 차단시키는데 이때 차단되는 대상은 오직 사람이며, 사물에 보이는 관심과 체험은 일반인과 거의 차이가 없다. 다행히 드라마의 선풍적인 인기로 '자폐 스펙트럼'이라는 증상을 이해하고 '정상인'들이 쌓아놓은 울타리를 허물려는 노력을 보이지만 그동안 우리는 이들을 무척 불편해했다.

어딘가 많이 다른 그들을 보는 것이 힘들고, 그들이 왜 그런 모습을 보이는지 이해가 되지 않았기 때문이다. 하지만 이제 그들이 왜 이런 증상을 겪게 되는지 알게 되면 우리는 보다 넓은 시선으로 그들을 바라볼 수 있게 될 것이다.

존재하는 것은 모두 무시되어서는 안 되고, 다르다는 것도 마땅히 이해되어야 한다. 결함, 불편함, 질병이 가진 무게는 삶이 쉽게 감당할 수 있는 것이 아니다. 하지만 그것 덕분에 인류는 새로운 발전과 진화를 겪고, 전혀 다른 삶이 만들어지고, 영원히 예측 불가능한 창조력을 가지게 되는 것이다.

이 밖에도 책에는 고대부터 이어져 온 '동성애'에 관해서도 관대한 시선을 보이며 이해를 구한다. 동성애는 언제부터 시작되었는지, 그리고 어떤 이유로 누군가는 '다른 사랑'을 하게 되는지, 보다 세밀한 시각으로 분석한다.

어두운 길을 가다가 구름이 걷히면 밝은 달을 볼 수 있듯이, 동성애에 대한 사람들의 태도도 조금씩 구름이 걷히고 너그러워지고 있다. 심지어 어떤 나라에서는 이미 동성 간의 결혼도 합법화했다. 이제 사람들은 동성애를 일종의 성 취향의 문제라고 생각한다. 그것은 정상적이고 자연스러운 일이며, 단지 평범한 사람들보다 조금은 특별한 '동지' 스타일일 뿐인 것이다.

저자는 인생의 각각의 시기에 맞게 심리 에너지를 합리적으로 해소하면서 무사히 보낸다면 대체로 순탄한 삶을 살아가게 된다고 말한다. 하지만 어떤 한 시기라도 심리 에너지의 발산이 막혀 제대로 해소되지 못한다면, 표면적으로 보이는 생리적 성장은 계속될지라도 심리적인 발전은 거기에 멈춰서 앞으로 나가지 못한다고 강조한다.

현시대를 살아가는 사람들이라면 누구나 각각의 심리 장애를 겪고 있다. 그중에는 타인에게 쉽게 털어놓을 수 있는 문제도 있지만, 이 책에서 다루는 심리 장애들처럼 너무나 깊고 어두워 그 누구에게도 털어놓지 못했던, 스스로조차 통제할 수 없었던 가장 강렬하고 자극적인 심리 장애들도 있을 것이다. 저자는 그동안 아무도 건드리지 않고 금기시했던 심리 장애들을 깊숙이 파헤친다.

이 책을 통해 그동안 나를 아프게 했던 마음속 상처들을 심리학을 통해 위로하고, 저자가 제시하는 해결책을 통해 말 못 할 마음속 그늘에서 벗어날 수 있을 것이다.

이제 여러 인간 군상들이 다양하게 숨 쉬고 있는 판도라의 상자를 열 시간이다. 자물쇠를 열 수 있는 열쇠는 여러분의 손안에 있다!

차례

불안은 눈앞의 일이 만족스럽지 않으니 반드시 바뀌어야 한다는
일종의 위험 신호이기도 하다. 불안해지면 우리는 심장이 두근거리고
손에 땀이 나며 호흡이 불규칙해지는 등의 증상이 나타나는데,
이것은 모두 위험에 대한 조기 경보가 겉으로 표현된 것이다.

나무 그림 속에 숨겨진
심리의 모든 것
- 그림 심리 분석

1
장

지금 바로 A4 사이즈 종이 한 장과 2B연필을 준비한 뒤 나무 한 그루를 그려보자.

어떻게 그려도 상관없으므로, 그리고 싶은 대로 마음껏 그리면 된다.

좋다! 내가 그린 그림은 이렇다.

나는 예전에 '모래판 놀이'를 통한 흥미로운 정신분석 기술에 대해 쓴 적이 있는데, 오늘 여기서는 그의 자매편인 '나무 그림을 통한 심리 분석'에 대해 소개하려고 한다.

자매편이라고 소개한 이유는 나무 심리 분석도 정신분석 기술의 일종이며, 모래판 놀이와 마찬가지로 '투사投射이론'의 원리가 적용되기 때문이다.

그렇다면 무엇이 '투사'인지 본격적으로 이야기해 보자.

이것은 단순한 나무와
종이가 아니다!

이 이야기는 프로이트의 '이드, 자아, 초자아' 이렇게 '세 개의 나'에서부터 시작한다.

알다시피 이드는 '본능적인 나'로 늘 막무가내로 행동한다. "나 지금 이거 할래!"라고 입버릇처럼 외친다. 반면 초자아는 '도덕적인 나'로 규범을 따지고 매우 엄격하며, "나는 이것을 요구할 수 없다!"를 좌우명으로 삼고 있다. 한편, 불쌍한 자아는 둘 사이에 끼여 있다. 자아는 이드의 충동을 자제시키면서 초자아의 기준에 도달하려고 노력한다. 그래서 '복잡한' 외부 현실 세계와 만나면 항상 "이런 상황을 만약 내가 해결한다면…." 하고 고민한다. 이 얼마나 수고스러운 일인가!

이렇게 세 가지가 언제나 하나는 동쪽, 하나는 서쪽으로 가려고 버티다가 정작 어디로 가야 할지 모르곤 한다. 예를 들어 어떤 젊은 여자가 패스트푸드 매상에서 음식을 사려고 줄을 서 있는데, 그녀 앞에 서 있던 한 남자가 주머니에서 돈을 꺼내다가 만 원을 떨어뜨렸다. 공교롭게도 그 모습을 바로 뒤에 서 있던 그녀 혼자 보았다고 하자. 그러면 그때 그녀의 세 개의 나는 각자 다르게 행동하기 시작한다.

우선 이드는 이렇게 말한다.

"얼른 주워서 도망가자. 필요하다면 저 사람을 한쪽으로 밀쳐서라도 말이야!"

반면에 초자아는 이렇게 말한다.

"줍지 마!"

마지막으로 자아는 이드와 초자아의 요구와 현실적인 정황을 살피면서 깊이 생각한다.

'저 남자는 자신이 만 원을 흘렸다는 걸 알까? 혹 다른 사람도 땅에 떨어진 만 원을 봤을까? 남들이 안 보는 사이에 저걸 발로 밟았다가 몰래 주울까? 만약 돈을 주워서 그 사람에게 돌려주면 나에게 조금이라도 보답할지 몰라. 아니면 이건 어떨까?'

세 개의 '나'가 뒤죽박죽이 된 상황에서 여자는 불안을 느낄 것이다.

그렇다면 '불안'이란 대체 무엇인가? 불안은 일종의 '불쾌한 상태이자 신기한 감정'으로, 인류의 오래된 진화 과정 속에서 줄곧 함께해 왔다. 불안은 눈앞의 일이 만족스럽지 않으니 반드시 바꿔야 한다는 일종의 위험 신호이기도 하다. 불안해지면 우리는 심장이 두근거리고 손에 땀이 나며 호흡이 불규칙해지는 등의 증상이 나타나는데, 이것은 모두 위험에 대한 조기 경보가 겉으로 표현된 것이다. 불안한 사람은 자신이 지금 공포의 끝자락에 서 있어서 자칫 한 걸음만 잘못 내딛어도 심연에 떨어질 것처럼 느낀다. 당장 큰일이라도 벌어질 것처럼 하루도 버티기 힘들다.

불안은 '세 개의 나'가 각각 다른 방식으로 들들 볶으면서 여러 형태로 나타나는데, 대체적으로 다음 세 가지로 나뉜다.

현실적 불안reality anxiety- 두려움

이것은 실제로 존재하는 외부의 위협을 받았을 때 생긴다. 예컨대 지름길로 가려고 좁은 골목에 들어섰다가 흉악스러운 외모에 칼을 들고 있는 괴한을 만났다면 대다수의 사람은 현실적 불안, 즉 두려움을 느낀다.

이런 상황은 자아가 외재적 요소의 위협을 받아 만들어지는 것으로 이드나 초자아와는 무관하다. '인민 내부의 모순(마오쩌

뚱의 '모순론'에서 나온 말로, 노동자와 인민 사이의 비적대성 모순을 가리킴 -옮긴이)'에도 속하지 않는다. 이것을 제외한 다른 두 가지 불안은 모두 '내부 분쟁'에 의해 일어난다.

신경증적 불안neurotic anxiety - 주체할 수 없는 감정

이드와 자아가 '갈등'할 때 신경증적 불안이 일어난다. 하고 싶은 대로 하는 이드의 욕망이 지나쳐서 자아가 '항복'을 받아내기 어려운 것이 주요 문제가 된다. 가령 짝사랑하는 사람 앞에 서면 자꾸만 긴장되고, 그를 대상으로 성적 환상을 꿈꾸며 마음을 진정시키지 못할 때 신경증적 불안을 느낄 수 있다.

도덕적 불안moral anxiety - 기준에 미치지 못할 것 같은 감정

이드와 초자아 사이에서 끊임없이 시달리는 '자아'는 마치 회사의 중간 계층과 같아서, 어떤 때는 부하(이드)와의 관계를 제대로 처리하지 못해 고위 간부(초자아)로부터 질책을 받는다. 어떤 '특정한' 기준(설령 그러한 기준이 도달하기 어려운 것이라고 해도)에 도달하지 못하면, 그 사람은 오랫동안 수치스러워하고 양심의 가책을 느끼게 되는데 이것이 '도덕적 불안'이다.

만약 폭식증이 있는 여자가 팔굽혀펴기 100개를 하면 자기에게 '보상'으로 초콜릿 몇 조각을 주기로 했는데 이를 어기면 도덕적 불안을 느낀다. 평소에 자신을 멸시하거나 자기 가치를 낮게 생각하며 죄책감과 수치심을 느끼는 사람이라면 도덕적 불안의 공격을 쉽게 받을 수 있다.

그런데 이 모든 것의 원흉은 사실 그 사람의 강력한 '초자아' 때문이다. 초자아는 자아가 그 무엇과 조금이라도 협상의 여지가 있는 것을 도저히 용납하지 못한다. 그래서 '기대를 저버려서는 안 돼!' 하며 끊임없이 사람들을 부추긴다. 그 기대가 아무리 실제와 동떨어진 터무니없는 것이라고 해도 말이다.

불안을 몇 가지로 나누든 간에, 일단 불안한 마음이 들면 우리 몸은 그것을 가만히 내버려 두지 않고 반드시 문제를 해결하고자 한다. 인간은 누구나 유리한 것을 좇고 해로운 것은 피하려는 본능이 있기 때문이다.

그렇다면 문제해결을 위해 무엇을 이용할까? 바로 그 유명한 '방어기제'를 이용한다. 방어기제는 무슨 일을 하는가? 간단히 말하면 첫째, 자아를 보호하고, 둘째, 불안을 완화시킨다. 그렇게 하려면 방어기제는 자아를 통제함으로써 '제멋대로인' 이드와 '미치광이' 초자아를 적절하게 처리하려고 노력한다. 이를 위해 방어기제는 '억압', '부인', '대체', '합리화', '반향작용', '승화' 등 일련의 '독보적인 기술'을 창조해내는데 지금 우리가 이야기하려는 '투사projection'도 그 가운데 하나이다.

두사는 인간의 불안을 어떻게 해결할까? 힌자를 보면 알 수 있듯이 '투사投㰬'는 '던지다'와 '발산하다'는 의미가 합쳐진 말이다. 인간은 자신을 가장 힘들게 하는 자신의 모습이나 마음에 들지 않는 자기의 성격을 남에게 전가하여, 자기를 증오하는 대신 남을 증오하려는 경향이 있다. 이것이 바로 '투사'다. 다시 말해 자신의 단점을 남에게 '던져놓고' 그것을 비난하면서 그와 똑같은 모습을 가진 자신은 더 이상 비난하지 않는 것이다.

이렇게 말하고 보니 투사란 참으로 남에게 '무뢰한' 행동이라 할 수 있다. 단지 내가 싫어하는 내 모습을 남이 똑같이 가지고 있다는 이유로 그를 마치 '분풀이' 상대처럼 만들어버리니 말이다. 아무튼 그런 방법으로 우리는 단시간에 불안을 해소하고 인생을 좀 더 가볍게 살아갈 수 있다.

이와 같은 원리로 도둑은 항상 다른 사람이 자신의 물건을 훔쳐 갈까 봐 걱정하며, 인간이란 전혀 믿을 만한 존재가 아니라고 생각한다. 또한 음탕한 여자는 자신의 욕망은 인정하지 않으면서 자신이 알고 있는 남자들은 하나같이 섹스만 밝힌다고 생각한다. 걸핏하면 바람을 피우는 남성들은 일반적인 기혼 남성보다 오히려 더 자신의 아내를 의심한다. 항상 남을 욕하고 '얼간이'라고 깎아내리는 사람들은 사실 자기 두뇌에 그다지 자신이 없다. 이러한 모든 심리가 바로 '투사'이다.

현대 심리학에서는 투사와 비슷한 심리효과인 '허구적 일치성 효과false consensus Effect'에 대해서 연구했다. 이것은 인간이 '다른 사람도 자신과 비슷할 것이라고 추측하고 판단하는 것'을 말한다. 가령 외향적인 사람은 다른 사람들도 그렇게 적극적일 것이라 생각하고, 양심적인 사람은 다른 사람도 올바를 것이라고 쉽게 판단한다. 이런 착각은 투사와 마찬가지로 불안을 해결하는 데 상당히 효과적이다.

예를 들어 사용하던 신용카드가 연체되면 스스로 도덕성이 결여된 사람이라는 생각에 심리적 압박감을 느낄 수 있다. 하지만 이때 만약 '나 말고도 연체된 사람이 많을 거야.'라고 생각해 버리면 그는 상황이 그렇게까지 엉망은 아니라는 생각에 잠시나마 죄책감에서 벗어날 수 있고 마음이 편해진다.

흔히들 '나만 뒤처지는 것은 아니야. 누구나 모자라는 부분은 있기 마련이니까.'라고 이야기하는 것처럼, 허구적 일치성 효과도 불안함에 떨고 있는 자신에게 좋은 도피처나 방패막이가 된다. 투사나 허구적 일치성 효과도 그렇듯이 방어기제는 모두 잠재의식의 측면이다.

그럼 이제 투사 이론이 나무 그림을 통한 심리 분석에 어떻게 적용되어 쓰이는지를 알아보자.

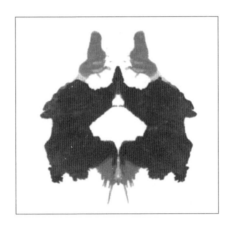

이것은 스위스 정신의학자인 헤르만 로르샤흐^{Hermann Rorschach}의 잉크 반점 검사 중 하나이다. 당신은 이 그림이 무엇으로 보이는가? 첫 번째로 드는 생각이 가장 정확하므로 가능한 한 빨리 대답해야 한다. 적개심이나 공격성을 가진 사람은 이 그림을 '치아, 씨, 혹은 핏자국'으로 본다. 구순기에 머물러 있는 사람들은 이 그림을 음식이라고 생각하거나 누군가가 무언가를 먹는 모습으로 보기도 한다.

이 테스트는 마치 아이들이 하늘에 떠 있는 구름을 무엇과 닮았다고 말하는 놀이와 비슷하다. 아이들은 똑같은 구름 모양을 보고도 바다 위의 배, 사자, 혹은 사람의 얼굴처럼 보인다며 서로 다르게 대답한다. 물론 구름 위에 실제로 어떤 그림이 그려진 것은 아니며, 아이들이 '본 것'은 분명 그의 마음속에서 나온 것이다. 그래서 투사 이론은 자신의 인격을 (그림에) 투사함으로써 감춰져 있던 잠재의식을 의식화하는 데 도움을 준다.

그렇다면 왜 고양이나 개가 아니라 '나무'를 이용하여 잠재의식의 세계를 탐색하려고 할까?

이 문제를 설명하기 전에, 나는 정신분석치료에 자주 등장하며 명성이 자자한 '저항Resistance' 현상을 소개하고자 한다.

오랫동안 고통이 지속되면 좋지 않다는 것은 누구나 잘 알고 있다. 그리고 고통을 회피하는 것만이 능사가 아니며, 오히려 고통과 맞서 싸우는 것이 진정한 승리라는 것도 잘 알고 있다. 하지만 그게 말처럼 쉽지가 않다. 그러다 보니 사람들 혹은 우리의 자아는 웬만하면 고통을 건드리지 않으려고 고통의 근원을 감추거나 덮으려고 노력한다. 그런데 만약 심리치료사가 심리치료 수단을 이용해서 잠재의식 안의 것을 건드리고 그것을 끄집어내려고 한다면 사람들은 그것을 '위협'이라고 느끼게 된다. 그래서 사람들은 고통을 억누르는 데 쓰고 있던 에너지의 방향을 완전히 바꾸어 심리치료 과정을 공격하고 방해하는 데 쓰는데 이것이 바로 '저항'이다.

저항하는 모습은 제각각이다. 예컨대 어떤 사람은 치료과정 중에 솔직히 말하지 않고 좌우를 두리번거리며 엉뚱한 짓만 해댄다. 또 치료과정과 전혀 상관없는 초등학교 시절의 친구 이름과 자질구레한 부분을 기억해 내는데 몇 시간씩을 써버리기도 하고, 온갖 꾀를 총동원하여 심리치료사를 헷갈리게 만들기도 한다. 심지어 어떤 사람은 심리치료사에게 적대감을 느끼고 큰소리로 욕을 하기도 한다.

그렇다면 나무를 그리는 일은 어떨까? 대다수의 사람들에게 나무는 큰 의미가 없다. 그림을 그리는 사람은 나무 하나쯤 그린다고 속마음이 들통날 거라는 걱정을 별로 하지 않아서(실제적으로는 이미 너무 많이 폭로되었다.) 저항이 나타나지 않는다. (그만큼 누군가가 자신의 잠재의식에 침입했다는 사실을 깨닫기 어렵다.) 그렇기 때문에 나무 그림을 통해 잠재의식 속 감정을 자세히 알아낼 수 있는 것이다. 많이 그릴 필요도 없다. 단 한 그루의 나무로도 속 시원히 알 수 있다.

이 정도 이야기했으니, 이제 정식으로 '그림의 해부'를 시작해보자.

종이 위에 나무를 그렸다면, 우리가 관심을 가질 곳은 종이와 나무 이 두 가지뿐이다. 종이는 그림을 그린 사람이 처한 환경을 의미하며, 나무는 바로 자기 자신에 해당한다. 종이와 나무, 그리고 그 둘의 관계를 올바르게 이해한다면, 우리는 비로소 그 그림을 완전히 해부할 수 있을 것이다. 이전의 것은 모두 단편적인 것이 된다. 우선 사람들이 처한 '환경'에 대해 살펴보자.

성장 환경을 말해 주는
신기한 종이

위를 향해 뻗어나가는 나무처럼, 그림을 그릴 종이의 지면도 아래쪽에서부터 위로 본능 영역, 정서 영역, 정신 영역 이렇게 세 영역으로 나눌 수 있다. 이 세 가지 영역은 나무의 뿌리, 줄기, 수관(나무 위쪽의 가지와 잎이 무성한 부분 -옮긴이)처럼 역할은 다르지만, 나무의 성장이라는 똑같은 결과를 만들어낸다.

이것은 사랑의 종류를 분류할 때와 상당히 비슷하다. 사랑에는 육체적 사랑, 감정적 사랑, 정신적 사랑, 그리고 가장 높은 경지의 영혼의 사랑이 있는데, 이 중 영혼의 사랑만 제외하면 이 도표에서의 의미 구분과 비슷하다.

일단 종이를 세로로 나누어 해당 영역별로 살펴본 뒤에 가로로 넘어가겠다. 종이를 반으로 접으면 다음과 같다.

정신 영역
마음
지성
상상력
자아계발
인식

정서 영역
의식되는 반응
사회적으로 받아들여지는 태도
부정적 태도
원시적 반응
숨겨져 있는 감정

본능 영역
성
유년기의 부가적 조건
억눌린 경험
개인 무의식
집단 무의식

미래

어머니		아버지
여성		남성
과거	현재	미래
기억		기대
수동적		적극적

과거

일반적으로 사람들은 항상 '남자는 왼쪽, 여자는 오른쪽'이라고 말하지만, 여기서는 그와 정반대이다. 종이 왼편은 어머니, 여성, 과거(기억을 의미한다.) 사람의 수동적인 측면을 대표하고, 오른편은 아버지, 남성, 미래(기대를 의미한다.) 사람의 적극적인 측면을 대표한다.

만약 이 의미들을 그림을 그린 종이 위에 대입하면 그야말로 멋진 '장관'이 나타나는데, 이는 우리가 더욱 자세하게 종이를 분석할 수 있도록 도와준다. 옆쪽의 도표를 참고해 보자.

이 도표를 보면서 조금은 어리둥절해하는 사람도 있을 것이다. 똑같은 영역에서 서로 모순되는 단어가 함께 나열된 경우도 있기 때문이다. 가령 6번 영역에는 '희열'이라는 단어도 있고 '비애'라는 단어도 있다. 만약 그 부분에 아주 복잡한 나뭇가지를 그려 넣었다면, 그것은 희열을 의미하는 것일까? 비애를 의미하는 것일까? 이 점은 매우 중요하고 대단히 정교한 테크닉이 필요하며, 나무 그림을 통한 심리 분석의 주요 난제이기도 하다.

그래서 나무 그림을 통해 심리 분석을 진행할 때는 어떠한 정보나 부호에 대해 하나의 고정적인 해석만 할 것이 아니라 구체적인 상황에 맞는 세밀한 분석을 진행해야 한다.

9.	10.	11.	12.
신비주의,예술 음악 직관적 사고, 심사숙고 영감 공상, 동경 환상 몽상 순교의 한 여자 동성애	문학 종교 신화 열정 이상주의 상상 의식의 태도 신앙 박애주의 기적	재능과 지혜 철학 역사 노력 목표 주의 이성 희망 업적 빈틈없음	완성 사고 철학, 수학 계획 명성 경쟁 궤변 망상 충분한 재력 독립 실험

5.	6.	7.	8.
감정의 판단 정서 기억 묵인 갈망 수동성 폐쇄 감정적 집착	희열 평화 보호 헌신 충족 고려 동정 단념 비애 원한 치욕 후회 흠모	결의 리더십 책임 자존심 자아억제 허영 자아희생 거절 저항 분노 탐욕 번뇌 증오	의지 경험 일 실질적 현실주의 상식 구체성 긍정적 기대 신중함 전통 모방 거절 우려

1.	2.	3.	4.
의존 안전에 대한 욕구 수면 퇴화 구순기에 정체됨 자궁 전의식 시작의 유형 원시성	무의식 욕구 무의식 기억 모성 본능 재생 본능 여성적 유형 신에 대한 숭배 할머니 귀신 비법	무의식적 힘의 충동 최면상태 자아본능 남근기의 성적 본능 보편적인 남성 유형 남근 숭배 희생 숭배 초월적 성	활발하지 않다 부정주의 자애 공포, 혼란 잠재적 발전 학무기에 정체됨 관념 죽음 지옥 복수의 여신 황천길 회귀

그럼 도표의 가장 왼쪽 위에 있는 9번 영역을 살펴보자. 만약 어떤 사람이 9번 영역에 아주 많은 나뭇가지를 그렸다면, 그것

은 백일몽 같은 공상과 도피 성향을 의미한다. 하지만 어떤 사람의 경우에는 그 나뭇가지가 변화무쌍하고 투명한 영혼 의식과 영적 깨달음을 의미할 수 있다. 또 일부 사람들의 경우에는 음악과 예술 방면의 능력을 뜻할 수 있다. 즉, 똑같은 영역에서 비슷한 그림을 두고, 하나는 재능이 풍부한 음악가의 예민한 청각과 리듬감이라고 해석하고, 또 하나는 강한 영적 깨달음, 혹은 백일몽 같은 공상과 현실에 대한 도피라고 해석할 수 있는 것이다. 만약 그림을 그린 사람이 음악가이거나 음악적 재능이 있다는 사실을 안다면, 그림을 어떤 식으로 해석하는 것이 가장 적절한지는 알 것이다.

그런데 만약 그림을 그린 사람에 대해 전혀 모른다면 어떻게 할까? 이것 또한 나무 그림을 통한 심리 분석의 중요한 부분으로, 이럴 때는 '전체→종이→나무→종합'의 순서로 '그림의 해부'를 진행하면 된다.

만약 나무 그림 하나를 받아들었다면 다른 것은 전혀 신경 쓰지 말고 일단 전체적인 그림의 '느낌'과 '기본 골격'부터 보도록 한다. 이 그림이 주는 느낌은 어떤가? 우울해 보이는가 아니면 즐거워 보이는가? 분위기가 가라앉았는가? 아니면 적극적인가? 활기가 없는가? 아니면 극도로 흥분했는가? 만약 전체적으로 힘이 약하고 복잡한 '장면'이 많다면, 9번 영역의 그림은 수동적인 환상과 현실에 대한 도피로 해석될 수 있다. 반면에 그림에서 힘의 균형이 느껴지고 나무의 모든 부분이 온전하게 표현되었다면, 9번 영역은 그 사람의 사려 깊음과 뛰어난 창의력을 표현한 것이라고 여기면 된다.

그렇다면 어떻게 그림의 전체적인 느낌과 기본 골격을 단번에 정확히 파악할 수 있을까? 이런 테크닉은 하루아침에 가능한 일은 아니며 수많은 '실전' 경험이 필요하다. 또한 그림을 분석하는 사람이 그 방면의 어느 정도 '재능'을 가지고 있어야 한다. 심리학자에게는 성실함도 중요하지만 타고난 소질도 그에 못지않게 중요하다.

그림의 전체적인 느낌을 파악했다면, 다시 종이에 대한 부분적인 분석으로 돌아가자.

위에 언급된 서로 다른 영역별 의미를 더욱 잘 이해하기 위해서 구체적인 보기를 들어 분석해 보겠다. 만약 당신이 종이의 네 변에서 똑같이 떨어진 거리의 정중앙에 나무를 그렸다고 하자. 마치 다음의 그림처럼 말이다.

중앙에 나무를 그린 경우

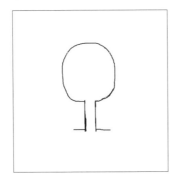

이 위치에 나무를 그린 사람은 남성과 여성의 영향을 골고루 받았다. 그는 남녀를 가리지 않고 모두 적절한 인간관계를 맺고 있으며, 그 사이에서 평형을 잘 유지한다. 이런 사람은 대개 건전하고 정상적인 가정환경에서 자랐으며, 부모 중 어느 한 사람의 영향만 지나치게 많이 받지는 않았다. 그는 비교적 만족스러운 과거를 보냈고, 미래에 대한 긍정적인 기대를 갖고 있다. 이와 동시에 올바른 성의식을 가지고 있으며 정신 발달 상태도 양호하다.

왼쪽에 나무를 그린 경우

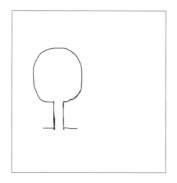

만약 이 위치에 나무를 그렸다면, 그림을 그린 사람이 비교적 강한 어머니의 영향을 많이 받고 자라서 정서적인 불균형을 보인다고 할 수 있다. 이런 사람은 좋은 부부관계를 유지하기 어려울 수 있다. 그는 배우자를 선택할 때 어머니의 의견을 지나치게 고려했거나, 어머니처럼 자신을 지배하거나 복종할 수 있는 사람을 선택했을 가능성이 있기 때문이다.

오른쪽에 나무를 그린 경우

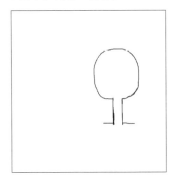

　이런 그림을 그린 사람은 아버지 혹은 다른 어떤 남성의 영향을 비교적 많이 받았으며, 그 남성을 그대로 받아들이고 모방하려 했음을 표시한다. 이것은 아마도 그 사람의 유년시절에 결핍된 어머니의 사랑과 관련 있을 것이다. 이 그림이 확실하게 나타내는 것은 어떠한 이유에서든 그림을 그린 사람이 어머니의 영향을 거부하고 원망한다는 사실이다. 이런 그림을 그린 남성은 결혼할 때 종종 온화하고 자신에게 순종적인 상대를 찾는다. 만약 여성이라면, 이 위치에 그려진 나무는 대개 여성에 대한 멸시를 뜻한다.

위쪽에 나무를 그린 경우

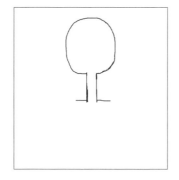

이런 그림을 그린 사람은 지면에서 완전히 떠 있는 나무처럼 현실에 쉽게 안주하지 못하고 현실적인 것에 무료함을 느낀다. 그리고 자아가 과장되고 부풀려진 공상 세계에서 오히려 자신만만하다. 그의 '자신감'은 현실 생활에서도 찾아볼 수 있는데, 가령 실제로 그 사람의 재능이 뛰어나다면 이것은 그의 풍부한 상상력을 보여주는 것이다.

아래쪽에 나무를 그린 경우

이 위치에 나무를 그린 사람은 통상적으로 자신과 주위 환경에 대해 다소 적응하지 못하는 느낌이 있다. 이러한 사람의 상상세계는 애써 축소되어 있다. 그는 자신과 주변을 '이끌어갈' 강한 정신력이 없어서, 변함없는 신념이나 거시적 생각 없이 어떤생각이 떠오르면 우발적으로 계획하고 행동한다. 어떤 때는 오로지 현실적인 것만 보기 때문에 눈앞에 놓인 자질구레한 일에얽매이기 쉽다.

이제는 두 방향이 합쳐진 좌상, 우상, 좌하, 우하의 경우도 알아보자.

왼쪽 위에 나무를 그린 경우

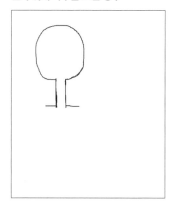

앞에서와 마찬가지로 왼쪽에 나무를 그린 사람은 어머니의 영향을 훨씬 더 많이 받았으며, 살아오면서 많은 경우에 어머니가 지배적인 역할을 맡아 했을 것이다. 그러나 그는 이런 상황에서 어머니의 지배에서 벗어나 창조적인 변화를 이루려고 정신적으로 노력하고 있다. 만약 재능이 많은 사람이라면 어느 정도 잠재력이 있어서 미술, 음악 등 예술 방면에서 성공할 수 있음을 나타낸다. 만약 남다른 재능이 없는 사람이 이런 그림을 그렸다면 그는 예술적으로 큰 성공을 거두는 공상을 하지만 실제 현실 생활에서는 소극적이고 피동적으로 도피하려는 경향을 보인다.

오른쪽 위에 나무를 그린 경우

이런 그림을 그린 사람은 아버지의 영향을 지배적으로 많이 받았으며, 여성과 관련된 것을 무시할 가능성이 있다. 이런 사람은 자신의 능력을 개인적인 성취와 독립 발전에 쓰며, 이로 인해 여성에 대해 관심이 부족하다. 남성이든 여성이든 사업, 정치, 과학 등 이성적이고 지적인 직업에 치우치는 경향이 있고, 거대한 야망도 품고 있다. 성공에 대한 공상은 강렬한 자아와의 충돌을 견뎌내고 앞날의 성공에 주요한 원동력이 된다.

내가 아는 사람 중에 이런 그림을 그린 사람이 두 명 있었는데, 한 사람은 독신인 물리학 교수였고, 또 한 사람은 학문에 조예가 깊은 승려였다.

왼쪽 아래에 나무를 그린 경우

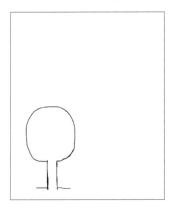

　이런 그림을 그리는 사람은 매우 드물다. 이것은 우울하고 비관적인 심정을 전형적으로 나타내는 그림으로, 지나치게 간섭하고 강압적인 어머니와 관계가 있다. 이러한 불안감은 어머니나 어머니를 대신했던 사람의 믿음과 격려가 있어야만 개선될 수 있다. 그는 항상 미래에 대해 두려움을 느끼며, 앞으로 나갈 자신이 없어서 과거에 머무르고 싶어 한다.

오른쪽 아래에 나무를 그린 경우

이 위치에 나무를 그린 사람은 아버지를 영웅처럼 생각하며 지나치게 존중하는 경향이 있다. 그러면서 아버지와 대등하고 싶다는 욕망도 그림에 반영되어 있다. 그러나 그들은 자신이 원하는 목표에 도달할 수 없다는 것을 잘 알고 있다. 그들은 무척 보수적이며, 새롭거나 논쟁거리가 있는 것은 전면적으로 부정하고 당장 눈앞에 놓인 실제적인 일에 관심이 많다.

그들은 실패를 두려워하기 때문에 미래에 대한 생각을 회피한다. 그러다가 대부분은 아버지가 죽은 뒤에야 사회적인 성공과 자기 자신에 대한 확신을 얻는다. 특히 아버지와 함께 일했거나 아버지가 죽기 전에 자식을 위해 미래 계획을 마련해 두었다면 더욱 그렇다.

이런 그림을 그린 사람 중에는 평생 아버지의 그늘에 가려져 있다가 아버지가 세상을 떠나고 그의 사업을 물려받은 뒤에야 특출한 관리능력을 발휘해 자신감 넘치는 사람으로 변하기도 한다.

한편, 대다수의 사람들은 종이를 세로로 놓고 나무를 그리는데, 간혹 몇몇 사람들은 종이를 돌려서 가로로 그림을 그리는 경우도 있다. 종이를 가로로 놓고 그리는 사람은 현재 자신의 상황에 불만을 갖고 있을 가능성이 있다. 그들은 항상 자신이 남들과 달리 특별하다고 여기며, '난 좀 더 좋은 환경에서 살아야 돼. 난 그럴만한 가치가 있는 사람이야. 완벽한 내가 바꿀 이유는 없어. 주위 환경이 내게 맞춰야지.'라고 생각하는 경향이 있다.

그들은 통상적으로 이기주의적인 생각을 가졌으며 적응력이 부족하다. 만약 젊은 사람이 이런 식의 그림을 그렸다면 현실에서 도피하고 환상세계에 숨으려는 경향이 있다.

지금부터는 가로 형태로 그린 사람들의 그림들을 살펴보자.

    그림을 세로로 그렸을 때와 마찬가지로 이런 그림은 강한 어머니의 지배를 받았음을 의미한다. 그들은 아버지나 아버지를 대신할만한 사람과 거의 관계를 형성하지 못한 경우가 많다. 또한 대부분 자신이 우월하다고 생각하며 이성과 많은 교류를 하지 않기 때문에 세로로 그린 사람과는 다르게 어머니와 비슷한 배우자를 찾지 않는다. 성장 과정에서 어머니의 '도움'을 지나치게 많이 받았기 때문에 남에게 이것저것 요구하는 것이 많다. 이런 유형의 사람이 이따금 타인에게 양보하거나 도움을 주는 이유는 순전히 그 일로 상대방이 감동해서 자신에게 보답해 주길 기대하기 때문이다.

중앙에 나무를 그린 경우(가로 형태)

이 위치에 그림을 그린 사람은 부모의 영향을 골고루 받았다. 대부분은 부모의 사랑을 독차지한 외아들이거나 집안 어른들의 총애를 받는 막내일 가능성이 있다. 그들은 자기 발전을 위해 노력하지만, 늘 자신이 지불한 대가보다 더 큰 보답을 기대한다. 타인과의 교류에서 오만한 태도를 보이기도 하지만 그중에는 진실하고 우호적인 사람도 꽤 있다. 다만 자신의 우월감을 지킬 수 있어야 인간관계를 지속할 수 있다.

오른쪽에 나무를 그린 경우(가로 형태)

이런 그림에는 아버지의 강력한 영향을 받았다는 사실 말고도 또 하나의 특별한 의미가 숨어있다. 그림을 그린 사람의 마음속에 '아버지는 대단히 좋은 사람이다. 그렇지만 나는 그보다 훨씬 더 잘해야 한다'는 강박이 있다. 그만큼 그는 자신에게 엄격하기 때문에 누구보다도 성공을 중시한다. 만약 남성의 경우라면 여성이 자신을 존경하길 원한다. 반면에 여성이라면 누군가가 끊임없이 자신을 좋아해 주거나 정복해 주길 바란다. 남녀를 불문하고 이런 그림을 그린 사람은 강한 경쟁의식과 계획을 갖고 있지만, 정작 그런 야심을 실현하려는 노력은 부족하다.

한편, 어떤 사람들은 여태까지 알아본 '반듯한' 그림과는 전혀 다르게 '즉흥적으로' 그림을 그린다. 그래서 나무의 위치가 매우 남다른데, 그 몇 가지 경우를 살펴보자.

오른쪽으로 기울어진 나무를 그린 경우

나무가 확실히 기울어진 것이 아니라면 앞에서 살펴본 정상적인 상황으로 해석하면 된다. 그러나 위와 같이 확실히 오른쪽으로 기울어진 나무를 그린 사람은 어린 시절에는 어머니의 영향을 많이 받았지만 나이가 들고 성숙해지면서 점차 남성의 권위를 받아들였음을 보여준다. 이런 사람은 비록 아버지나 다른 남성을 존경하고 모방하지만, 여성스러운 것을 거부하지도 않는다. 그러나 나무가 지나치게 기울어져 있다면, 그것은 그림을 그린 사람이 여성을 회피하고 멸시할 가능성이 있다는 의미다.

만약 그림을 그린 사람이 남성이라면 여성의 활동이나 생각, 심리 등을 동정하고 얕잡아 볼 가능성이 크다. 그들은 여성이 남성보다 덜 진화되었으며 대화를 나눌 가치도 없을 만큼 유치하다고 생각한다. 심지어 어떤 사람은 여성을 창녀나 하녀처럼 단순히 즐기거나 부릴 대상으로 여기기도 한다. 극단적으로 오른쪽으로 기울어진 나무를 그린 남성의 경우라면 종종 동성애자이거나 독신주의자일 가능성도 있다.

왼쪽으로 기울어진 나무를 그린 경우

앞의 경우와 마찬가지로 지나치게 기울어지지 않았다면, 이 사람은 매우 여성적이고 여성 친구들과 어울리는 것을 즐거워한다. 남성의 경우에는 다른 남성들에 비해 감수성이 풍부하고 예술, 음악, 신비주의에 관심이 많은 '문학도'일 것이다.

뿌리 부분부터 시작해서 나무가 특별히 심하게 기울어져 있다면, 어린 시절에 아버지로부터 버림을 받았거나 무책임한 아버지를 두었을 가능성이 있다. 무슨 이유에서든 그들은 잠재의식 속에서 모든 남성의 영향을 거부한다.

이런 그림을 그린 여성은 남성에게 어떠한 기대나 환상을 갖고 있지 않다. 비록 욕구를 만족시키지 못해 괴롭지만, 남성의 배려가 결핍된 환경에서 자란 탓에 남성을 절대 믿지 않고 오직 여성들만의 세상에서 살기를 바란다. 이런 여성들은 설령 결혼을 하고 아이가 생겨도 공개적 혹은 사적으로 은밀하게 동성애적 성향을 보일 수도 있다.

한편, 극단적으로 왼쪽으로 치우치는 나무를 그리는 남성은 거의 없다.

수관을 종이 위쪽으로 넘치게 그린 경우

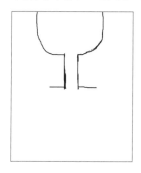

대개 젊은 사람이나 젊게 사는 사람들이 이런 그림을 그린다. 그들은 정력이 왕성하고 미래에 대한 기대와 희망을 갖고 있다. 이 위치에 그려진 나무 그림이 의미하는 것은 낙관주의, 희망, 자신의 잠재력에 대한 무한한 신뢰다. 이처럼 근거 없는 자신감을 가지고 시대의 흐름도 파악하지 못하면서 잘난 척하는 그들에게는 천진난만하다는 표현이 어울릴 것이다.

이런 그림을 그린 사람은 자신이 세상을 바꿀 수 있다고 생각하면서 열정적으로 자신의 목표를 향해 나아간다. 어떤 때는 다른 모든 것을 잊어버릴 정도로 자신만의 '즐거움' 속에 빠져서 주위 사람들의 감정 따위는 전혀 배려하지 않는다. 또한 자신의 낙천적인 생각을 고집스럽게 밀고 나가며 이를 과장하기도 한다.

수관을 종이 왼쪽으로 넘치게 그린 경우

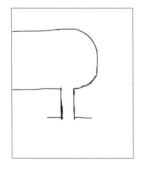

이렇게 생긴 나무를 그린 사람은 감성적으로나 이성적으로 여성의 영향을 받기 쉽다. 그들은 음악, 예술 등에 특히 관심이 많다. 그리고 남녀 누구든 상관없이 권위적인 의견이라면 모두 잘 따른다. 만약 남성이라면 그는 끊임없이 사랑에 빠져서 모든 정력을 감정에 쏟아붓는다. 그는 여성의 매력에 쉽게 빨려들어 사랑의 감정이 싹트며 이성적 통제도 부족하다.

반면에 이런 그림을 그린 여성은 내적 수양과 외적 이미지를 개선하려는 여성 활동에 많이 참여한다. 만약 그림의 다른 부분에서 그녀의 진정한 능력이 드러나지 않는다면, 그녀는 '빛 좋은 개살구'일 수도 있다. 즉, 다양한 여성 활동에 참가해서 자신의 문화적 수양이 높다고 생각하지만 사실은 오히려 저속하고 따분한 사람일 수도 있다.

수관을 종이 오른쪽으로 넘치게 그린 경우

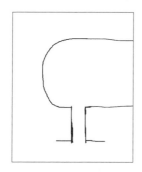

이런 나무를 그린 사람은 특별히 남성의 영향을 받기 쉽고 권위에 잘 따른다. 대다수는 뚜렷한 주관이 없고 남이 시키는 대로만 한다. 그리고 단지 권위적인 정보라면 그것이 진짜든 아니든 상관없이 모두 받아들인다. 그런 점에서 그들은 그다지 이성적인 사람이 아니다.

수관을 종이 세 방면으로 모두 넘치게 그린 경우

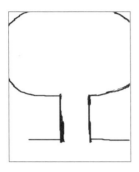

이런 종류의 그림을 그린 사람은 병적으로 자기중심적이거나 간헐적으로 조급증을 보인다. 그는 자신만의 환상 속에 살고 있으며, 상상 속의 성공이 현실에서의 실제 성공을 대신할 수도 있다. 아울러 여러 방면에서 남의 영향을 쉽게 받으며, 특히 타인의 '아부'를 즐긴다. 이로 인해 시시비비를 잘 판단하지 못하며 사기를 당하기 쉽다. 또한 지나치게 과장해서 행동하거나 생각하기도 한다.

만약 그림을 그린 사람이 청소년이라면 그림을 평가하는데 조금은 너그러워질 필요가 있다. 알다시피 사춘기 시절에는 누구나 반항적이고 자기중심적이다. 또한 속임수에 잘 넘어가고 공상에 빠지기 쉬운데, 이것 또한 사춘기 때 나타나는 보편적인 특징이다.

또한 지능이 높고 재능이 많은 사람이 이런 그림을 그렸다면, 그것은 자신이 가진 풍부한 상상력과 활발한 사유 능력이 표현된 것이라고 본다. 이런 그림을 그리는 사람은 대부분 감정적으로 일을 처리하고 정이 넘쳐서 종종 '순정적인 의리파'라고 불린다. 그들은 동정심이 많고 타인에게 쉽게 공감하며 불의를 보면 참지 못한다. 하지만 그중 일부는 자신의 재능만 믿고 남을 깔보기도 한다.

이제 종이에 관한 분석은 거의 끝났다. 여기서 잠시 쉬어가는 의미에서 내가 그린 나무 그림을 단독으로 분석해 보겠다.

모두가 느꼈을 테지만, 내가 그린 나무는 일반적인 그림에 비

해 나무의 크기가 무척 작다. 크기가 다른 나무가 의미하는 것은 당연히 같지 않다. 특히 작은 크기의 나무는 다음 중 어느 한 가지, 혹은 몇 가지 의미를 나타낸다고 할 수 있다. 즉, 자신을 그다지 중요하게 여기지 않거나, 거대한 세상에 비해 자신이 너무 초라하다고 느끼거나, 스트레스가 많거나, 자신과 자신이 한 일에 대해 불만스럽거나, 무척 외롭다는 의미다. 그러나 나무를 아주 작게 그린 사람 중에는 경우에 따라서 자신감이 넘치는 사람도 많기 때문에 쉽게 판단하기 어렵다. 그러므로 그림 속 다른 요소들을 종합적으로 살펴봐야 한다.

따라서 전후 상황을 연관 지어 종합해 보면, 이 그림은 엄마 뱃속으로 돌아가고 싶은 바람을 나타낸다고 할 수 있다. 현실에 잘 적응하지 못해서 수동적이며 무엇이든 상대하지 않으려고 하고 피해망상에 사로잡혔을 수 있다. 이런 경우 오직 강한 어머니나 어머니의 역할을 했던 사람의 지지를 받아야 그런 증상이 완화될 수 있다. 하지만 보호받지 못한다는 두려움만 있다면 그 사람의 불안감은 급속도로 증가되고 병적인 상태도 지속될 것이다.

실제로 나는 이 그림을 그릴 때 그런 상태에 있었다. 심각한 수면 문제의 어려움을 겪고 있었고, 세상과도 거의 담을 쌓고 지냈다. 우울증도 있었고 외로움도 실제로 존재했다.

　나는 걱정되는 일이 너무 많았다. 실패할까 봐 늘 두렵고 초조했으며, 앞선 해석대로 태어나기 전 엄마 뱃속으로 돌아가고 싶은 심정이었다. 엄마 뱃속으로 돌아가 보호를 받고 편안해지고 싶은 심정은 일종의 은둔이자 도피다. 그만큼 나는 현실의 압박감을 견딜 수 없어서 포기하고 싶었고 숨을 곳만 찾아다녔다.

나무 한 그루에 담긴
'나의 의미'

　나무에 관한 분석은 종이에 비해 상대적으로 더 복잡하다. 나무는 그림을 그린 '자기 자신'을 의미하는데 만약 만 명이 그렸다면, 만 가지 종류의 그림 그리는 방법이 있을 것이다.

　처음에 말했던 것처럼 나무는 크게 수관, 줄기, 뿌리로 나눌 수 있는데, 이것은 종이의 정신 영역, 정서 영역, 본능 영역과 상응한다. 다음의 그림을 한번 보자.

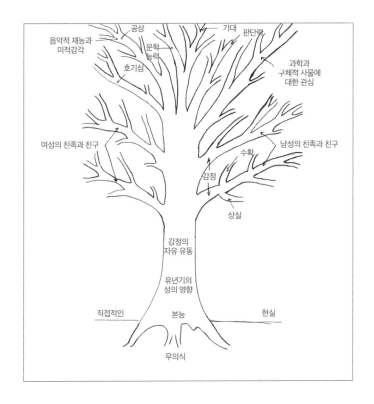

음악적 재능과 미적감각 / 공상 / 문학 능력 / 호기심 / 기대 / 판단력 / 과학과 구체적 사물에 대한 관심 / 여성의 친족과 친구 / 남성의 친족과 친구 / 수확 / 감정 / 상실 / 감정의 자유 유동 / 유년기의 성의 영향 / 직접적인 / 본능 / 현실 / 무의식

그림에서처럼 가장 많은 정보를 담고 있는 수관부터 살펴보겠다.

수관이 제일 잘 나타내는 점은 바로 그림을 그린 사람의 '인간 관계'이다. 또한 그 사람의 정신 상태와 지능 발전 정도, 그리고 그가 무엇에 관심이 있는지, 어떤 목표에 도달하고 싶은지, 어떻게 만족을 얻는지 등도 알 수 있다. 특히 수관에 그려진 나뭇가지에 주목하자. 알다시피 실제로 나뭇가지가 하는 역할은 양분을 필요한 곳으로 전달하는 것이다. 그림 속의 나뭇가지 또한 그 사람의 에너지 흐름을 상징하는 것으로, 에너지가 각 부분에 전달되는 모습은 그림을 그린 사람과 타인의 상호작용 상황을 보여준다.

그림에서 볼 수 있듯이, 위쪽에 그려진 나뭇가지는 생각의 흐름, 사고방식, 재능, 창조력의 표현 등을 나타내고, 아래쪽의 나뭇가지는 그 사람의 경력, 인간관계, 인생 태도 등을 나타낸다.

그림 속 수관의 오른쪽 아래에는 '감정'이라고 적힌 비교적 큰 두 개의 가지가 있다. 일반적인 상황에서 남자든 여자든 살아오면서 느낀 여러 감정과 경험들은 모두 나무의 오른쪽에 고스란히 기록된다. 여기에는 지난날 혹은 최근의 감정과 현재의 결혼, 그림을 그린 사람의 삶의 계획 등도 포함한다.

아래쪽으로 뻗어 있는 작은 나뭇가지가 의미하는 것은 '상실'로 인생에서 잃어버린 것들과 실패를 가리킨다. 위쪽으로 향해 있는 작은 나뭇가지들은 자신의 '수확'을 의미하며, 인생에서 얻은 것들과 성공을 가리킨다.

아마 어떤 사람은 이렇게 물을 것이다. '만약 분석하고 싶은 상대방이 나뭇가지를 아예 그리지 않았다면 어떻게 해야 하는가?' 그런 경우는 내가 그린 그림처럼 이것저것 분석해야 할 것이 적어졌으니 수고를 덜었다고 생각하면 된다. 하지만 당신이 그 사람에 대해 제대로 분석하고 싶다면, 아무래도 나뭇가지가 나타내는 정보가 많기 때문에 그에게 나뭇가지가 있는 나무를 다시 그려보라고 한 번 더 권유해 보는 것도 좋다.

한편, 실제로 나무줄기는 땅에서 영양분을 흡수하는 뿌리와 하늘에서 태양 에너지를 흡수하는 수관을 이어주는 다리이자 통로다. 그림 속 나무줄기도 마찬가지로 감정의 흐름을 통해 사람의 본능 영역과 정신 영역을 이어주는 상징적인 곳이다.

마지막으로 나무뿌리는 따로 자세하게 언급할 필요 없이, 사람의 본능과 무의식을 대표한다.

이제 나무의 수관, 줄기, 뿌리 세 부분 간의 관계를 살펴보자.

가장 이상적인 것은 다음 그림처럼 수관, 줄기, 뿌리 세 부분이 서로 조화롭게 그려져 있고, 어느 특정 부분이 강조되지 않는 경우나.

그런데 여기서 잠깐 나무의 종류를 고려해 봐야 한다. 만약 그리고자 했던 나무가 원래 수관, 줄기, 뿌리 중 일부분이 특별히 두드러지는 나무라면, 그림을 그린 사람이 그 부분을 두드러지게 그렸다고 해석해서는 안 된다. 또한 많은 사람이 뿌리를 그리지 않고 줄기와 수관만으로 전체적으로 조화로운 나무를 그릴 수 있다. 그런 경우에도 그 사람이 나무줄기와 수관을 특별히 강조해서 그렸다고 할 수 없다. 하지만 어떤 나무는 분명히 비정상적으로 뿌리를 강조하여 그려지기도 한다. 예를 들면 다음과 같다.

만약 전체 그림에 나타난 여러 정보가 긍정적으로 해석된다면, 이런 나무를 그린 사람은 기본적으로 건강하지만, 본능과 성적 문제에 관심이 좀 많거나 눈앞의 일을 신경 쓰느라 '큰 그림을 보지 못하는' 사람일 수 있다. 그런데 전체적인 정보들이 부정적으로 해석된다면, 이런 나무를 그린 사람은 이드가 지나치게 강해서 자아와 초자아가 그것을 통제하기 어렵다고 해석할 수 있다. 그들은 평소에 본능적인 성적 충동을 과도하게 느낄 수 있으며, 일부는 성에 대해 아예 왜곡되거나 도착倒錯되었을 수도 있다. 무의식이 그들의 행동을 강하게 리드하기 때문에 종종 골치 아픈 문제를 일으킬 가능성도 많다.

뿌리 부분을 두드러지게 그린 사람은 통상적으로 경솔하거나 얼음장처럼 차가우며, 이성적 사유 능력이 '감금'되어 있어서 자신의 미래에 대해 항상 마음은 있는데 잘해나갈 능력은 없다고 느낀다.

한편, 어떤 사람은 나무줄기를 다음의 그림처럼 강조해서 그리기도 한다.

한 번쯤은 유치원생들의 그림을 본 적이 있을 것이다. 대개 6, 7세 이전의 아동들은 이런 식으로 줄기를 강조해서 그림을 그리는 경우가 많다. 알다시피 줄기는 정서 영역을 대표한다. 이 시기 아이들은 아직 어리기 때문에 성적 능력이나 정신 영역이 성숙하지 못하다. 그만큼 그들은 매우 '감정적'이기 때문에 이런 나무를 그리는 것이다.

그런데 만약 다 큰 성인이 이런 나무를 그렸다면 그것은 무엇을 의미할까? 우리는 그림을 그린 사람이 정신적으로 성숙되지 못하고 자아통제 능력도 부족해서 감정에 좌우되기 쉽다는 점을 어렵지 않게 파악할 수 있다. 이런 나무를 그린 남성은 거칠고 야만적이고 조급한 성격을 갖고 있다. 또한 여성이 이런 그림을 그렸다면, 그녀는 별것도 아닌 일에 호들갑을 떨고 생각이 유치하며 스스로를 통제하지 못할 것이다.

마지막으로 어떤 사람들은 아래 그림처럼 수관을 특별히 강조
해서 그리기도 한다,

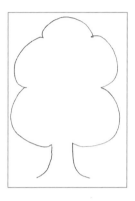

이런 나무를 그린 사람은 일반적으로 자기 자신에게 관심이
많으며 자신의 정신력을 높이 평가한다. 이런 부류의 사람들은
무엇이든 분석적이고 이성적으로 사유하며, '감정적'으로 일을
처리하는 경우는 별로 없다.

여기까지 설명을 끝내고 나니, 갑자기 나는 '으악' 하고 소리
를 지르고 싶다. 나무 모양은 그야말로 너무나 복잡하고 다양한
데다가, 나무 각 부분의 길이, 크기, 굵기, 방향과 나무 위의 그
릴 수 있는 특수 기호, 그림자, 선 등도 하나하나 정보를 분석할
수 있기 때문이다. 그 많은 이야기를 여기에 다 나열할 수 없음

을 너그럽게 이해해 주길 바란다. 안 그래도 부족함이 많은 내 책에서 단지 몇 페이지의 지면을 할애하여 한 가지 전문 분야를 빠짐없이 다룬다는 것은 도저히 불가능한 일이기 때문이다.

그렇다면 이제 어떻게 해야 할까? 고민 끝에 한 가지 좋은 아이디어가 떠올랐다. 내가 그린 나무를 예로 들어 그림의 특징을 둘러싼 정보들을 몇 가지 소개한다면 어떨까? 그런 식으로 일부분을 통해서라도 전체적인 틀을 추측해 볼 수 있으면 좋겠다.

내가 그린 나무를 보면 다음 몇 요소가 결합되어 있음을 알 수 있다.

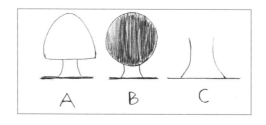

먼저 내가 그린 나무의 수관은 의심할 여지도 없이 그림 A와 같은 버섯 모양을 닮았다. 이렇게 움츠린 버섯 형태의 수관을 그린 사람은 외부세계로부터 보호받길 원하며, 매사에 무척 조심스러운 경향이 있음을 보여준다. 그들은 통상적으로 자존심이 강하고 수줍음이 많다. 또한 어떤 일이든 오직 자기 능력으로 해

내려고 하고, 그 과정에서 자신에게 부족한 점이 없는지를 늘 신경 쓴다. 그래서 그들은 누구보다도 많은 격려와 칭찬을 필요로 한다.

　다음으로 그림 B를 보면 내가 그린 그림처럼 수관이 줄기와 평행인 선들로 새까맣게 채워져 있다. 이것은 일종의 경미한 우울증을 뜻한다. 이것은 자신이 가진 자신감을 표현하는 동시에, 자기 내면의 충동(주로 비관적인 것들)을 밖으로 드러내지 않기 위해 의식적으로 교묘히 위장하는 것이기도 하다.

　마지막으로 내가 그린 나무는 그림 C처럼 뿌리가 보이지 않고 땅바닥만 그려져 있다. 뿌리를 그리지 않고 땅바닥으로 뿌리 부분을 완전히 차단한 것은 그 사람이 복잡한 내적 구동력驅動力을 가졌다는 뜻이다. 매우 안정적인 느낌을 주는 이런 그림은 주로 자기 에너지를 컨트롤하는 데 자신이 있는 사람들이 그린다. 그들은 자신이 상처를 쉽게 받는다고 생각하지 않는다. 이로 인해 본능적 에너지의 중요성을 철저하게 부정한다. 하지만 그렇게 '적(본능)을 얕잡아 보다간' 오히려 더 큰 상처를 받기 쉽다.

　내 그림에 대한 전체적인 결론을 내리기 전에, 마지막 '그림 해부' 과정만이 남았다.

그림에 숨겨진
'진짜 나'를 찾아라!

여태까지 종이와 나무에 대해 각각 알아보았으니, 이제 이들을 한 곳에 모아 놓고 종합적으로 분석해 보자. 그럼 먼저 간단한 예를 하나 보자.

이 그림을 보고 처음 드는 생각은 나무가 종이 왼쪽 윗부분에 너무 치우쳐 있고 나머지 부분은 모조리 공백 상태라는 점이다. 나무 자체는 매우 조화롭고 나뭇가지나 잎도 무성하다. 다만 일반적인 나무 그림에 비해 뿌리 부분이 비교적 꼼꼼하게 그려져 있고 강조되어 보인다. 전체적으로 복잡하지 않고 에너지가 넘치며 균형이 잡혀있고 건강해 보인다.

지면인 종이를 분석해 보면 왼쪽 모서리에 그려진 나무를 통해서 우리는 이 사람이 자신의 정신세계를 발전시킬 마음이 있고, 예술적인 부분에서도 성과를 이뤘다는 점을 알 수 있다. 위치만 놓고 보면 이 사람은 정서 영역과 본능 영역을 상당히 무시하고 있다.

이제 나무 분석으로 넘어가 보자. 종이 분석 때와는 다르게, 나무만 놓고 보면 이 사람은 자신의 정서 영역과 본능 영역을 충분히 이해하고 신경 쓰고 있음을 알 수 있다. 나무뿌리를 강조해서 그렸기 때문이다. 또한 나무 구조는 그의 본능, 정서, 정신 영역의 관계를 보여주는데, 비교적 조화롭게 그려진 것으로 볼 때 심리 에너지 흐름이 원활하고 그다지 큰 내적 고통이나 갈등이 없음을 설명한다.

마지막으로 종이와 나무가 합쳐진 전체 그림에서 우리는 이 사람이 사실은 통제력이 특별히 강한 사람임을 알 수 있다. 어째서 그럴까? 앞에서 말한 바와 같이 그림을 그린 사람의 내재적인 것을 나타내는 나무에서는 그 자신이 정서와 본능을 아주 잘 이해하고 있음을 나타내는 반면, 그 사람의 외부 환경을 나타내는 종이에서는 그가 자신의 정서와 본능을 애써 무시하는 모습을 보이고 있기 때문이다.

이 두 가지 상반된 모순은 바로 이 사람이 자신의 정서나 본능을 충분히 이해하고 있어도 현실적 환경에 방해가 되는 것은 절대로 허락하지 않는다는 의미다. 그만큼 그는 현실 생활에서 자신의 욕망을 통제할 수 있고 밖으로 쉽게 드러내지 않는다. 이것이야말로 그 사람의 통제력이 얼마나 강한지를 보여주는 확실한 증거가 아니고 무엇이겠는가.

이번에는 조금 더 복잡한 나무 그림을 예로 들겠다.

역시 여태까지 해왔던 대로 전체적인 느낌부터 살펴보자. 이 사람은 나무로 종이를 꽉 채워 그렸고, 나무의 세 부분(뿌리, 줄기, 수관)을 충분히 표현했다. 나무의 몸통은 약간 오른쪽으로 치우쳐 있으며, 나뭇가지의 방향과 잎의 분포도 매우 적절하다. 비록 약간 '대치'를 이루고 있는 듯한 느낌이 들고, 상세하게 그려진 부분은 남에게 '말 못 할 속사정'이 있는 듯하지만, 전체적으로 놓고 보면 어색함이 없이 조화롭고 에너지의 흐름도 비교적 원활하다.

종이 분석

종이에 선으로 각 구역을 표시하고 나니 이 나무가 왼쪽에 무게중심을 두고 있음을 알 수 있다. 그것은 그림을 그린 사람이 여태까지 어머니나 여성의 영향을 비교적 많이 받았음을 나타낸다. 앞서 말했듯이 이 사람의 어머니는 여러 방면에서 자식을 지나치게 지배하고 간섭했을 것이다. (사실 이 그림을 그린 사람은 26살의 남자 대학원생으로, 홀어머니 밑에서 누나, 쌍둥이 여동생과 함께 자랐다.)

그리고 나무 전체, 특히 수관이 오른쪽으로 확실하게 기울어져 있는 것은, 그가 어머니나 여성의 지배와 속박에서 벗어나고 그녀들에게 더 이상 의존하고 싶지 않음을 의미한다. (실제로 그는 확실히 어머니와 누나의 간섭을 많이 받고 있었다.) 그는 생활력이 강한 사람이 되고 싶고, 사회에서 좀 더 독립적이고 자유롭게 살아갈 수 있는 경쟁력을 갖고 싶었다.

또한 오른쪽으로 치우친 나뭇가지들은 위를 향해 뻗어 있고, 주로 11번 영역과 12번 영역을 차지하고 있는데, 이것은 그가 인생에 대해 진취적인 태도를 가졌으며, 자연과학에도 관심이 많음을 보여준다.

나무 분석

앞서 말했듯이, 수관의 아래 양쪽 나뭇가지는 그림을 그린 사람의 인간관계를 나타낸다. 그중 오른쪽 나뭇가지는 이성과의 감정적 경험을 나타내고 왼쪽 나뭇가지는 어머니, 누나, 쌍둥이 여동생과의 관계를 나타낸다. 현재 오른쪽 두 개의 나뭇가지는 아래를 향해 늘어뜨려져 있는데, 이것이 의미하는 것은 '상실'이다.

한편, 오른쪽 아래의 세 번째 나뭇가지에는 위를 향해 뻗어 있는 나뭇가지가 그려져 있다. 이것은 그가 자신에 대해 긍정적으로 생각하며, 다른 누군가의 지배를 바라지 않고 모든 일을 자신이 주도하고 싶은 '남성적' 심리상태를 반영한다. (그는 어머니가 자신의 세 번째 연애에 불만이 있다고 해도 이제는 자신의 감정대로 고집스럽게 밀고 나갈 것이며 절대로 흔들리지 않겠다고 말했다.)

마지막으로 나무뿌리를 통해 우리가 알 수 있는 사실은 그가 주위 환경(어머니와 누나가 자신을 대하는 방식)에 저항하고 있으며, 어린 시절부터 시작된 여성의 영향에 반감을 갖고 있음을 보여준다.

종합적인 분석

이 그림에 담긴 특수한 상황, 즉 나무의 세 가지 측면과 종이의 세 가지 측면은 서로 대응을 이루며, 종이와 나무에 관한 분석이 서로 일치하고 충돌이 없다. 이 결과들을 합치면 바로 그림의 종합적인 분석이 된다.

그럼 이제 마지막으로 내가 그린 나무의 모든 분석이 가능해졌다. 우선 앞에서 끝낸 분석들을 요약해서 아래에 나열해 보겠다.

내 그림의 전체적인 특징은:

① 숨는다.

② 보호받기를 원한다.

③ 에너지 흐름이 막혀 있고 억눌러져 있다.

④ 특별히 수관이 강조되어 있다.

내 그림의 종이에 관한 분석에서는:

① 도피

② 우울하다.

③ 두렵다.

④ 보호받기를 원한다.

⑤ 본능 에너지를 과장하고 있다.

내 그림의 나무에 관한 분석에서는:

① 보호받기를 원하고 예민하다.

② 우울하다.

③ 자신의 내부 에너지를 숨긴다.

④ 출발을 기다리며 힘을 모으고 있는 내부 구동력

⑤ 자신감

⑥ 자신이 없다.

⑦ 본능 에너지를 무시한다.

이렇게 요약하고 보니 모든 해답이 매우 명확해졌다. 내 그림은 겉으로 보기에는 표현이 자제되어 있고 차분해 보이지만, 사실은 그 안에서 격렬하고 복잡한 심리전이 펼쳐지고 있다. 나는 동시에 적어도 두 가지 '전투'를 치르고 있는데, 하나는 자신과 외부세계와의 갈등이고, 또 하나는 자신과의 싸움이다.

우선 종이 분석에서는 맨 아랫부분에 나무를 그려서 본능 에너지를 과장하고 있지만, 나무 분석에서는 수관을 강조하고 뿌리를 은폐하면서 본능 에너지를 무시하고 있다. 이는 나와 외부세계와의 갈등이 구체적으로 드러나는 것이다.

이러한 모순은 내가 현실 생활에서 역경을 만나 내심 상처를 받았으며, '강한 척하지만 연약한' 정신 영역이 잠시 결국 본능 영역에 굴복해서 어머니의 뱃속으로 숨어 보호받길 바라고 있는 상황임을 설명한다.

그러나 나는 확실히 한 번 넘어졌다고 다시 일어나지 못하는 것을 용납하지 못하는 사람인지라, 마음속으로 쌓아두고 조심스럽게 억눌렀던 심리 에너지가 나무 그림에서는 그대로 드러나고 말았다. 상황에 '굴복한' 모습은 단지 눈가림에 불과했고 나는 사실 좀 더 멀리 뛰기 위해 잠시 움츠렸던 것일 뿐이며, 언제든 '다시 일어설' 준비를 하고 있었던 것이다.

한편, 나 자신과의 싸움이 구체적으로 드러난 것은, 나무에 관한 분석에서 때로는 자신감이 넘치다가 때로는 자신이 없는 모습을 보였다는 점이다. 만약 외부 세계의 힘든 역경에 처하지 않았다면, 내 몸속의 이런 모순 에너지는 아마도 이처럼 명확하게 드러나지도 않았고, 이처럼 격렬한 전투를 치르지도 않았을 것이다. 그것은 바로 나의 선천적인 열등감과 후천적인 자신감의 대결이다. 아마 어린 시절의 경험 때문에 나는 뼛속 깊이 열등감을 가지고 있었을 것이다. 그렇지만 인격이 성숙되는 과정에서 나는 여러 후천적인 노력을 통해 성공과 자신감을 얻었다. 평온한 상태라면 자신감은 상승세를 타지만, 일단 큰 사건에 부딪히게 되면 선천적인 열등감이 곧바로 뚫고 올라와 후천적인 자신감을 추궁하려 든다.

그렇다면 어느 것이 내게 숙주宿主하는 진짜 나의 모습일까?

나는 나 자신을 잃지 않고 후천적으로 얻은 자신감으로 선천적인 열등감을 극복하려고 노력했다. 홀로 이런 '전투'를 치르는 것은 그리 쉬운 일이 아니다. 하물며 정면에서 안팎의 협공까지 더해진다면 상황은 더욱 어려워진다. 그래서였는지 나의 우울증은 하늘에 두껍게 낀 연무처럼 오랫동안 사라지지 않고 나를 뒤덮고 있었다. 만약 내 그림에 관한 분석 결과를 한마디로 이야기한다면 아마도 '역경에서 빠져나오려고 노력하고, 자신을 이기려고 시도한다!'쯤이 되려나.

마침내 내 그림의 심리 분석이 끝났다. 그렇다면 당신 그림에 대한 분석은 어떠한가?

사람의 심리는 이렇게 분석 가능한 면이 어디든 표출되기 마련이다. 제아무리 꽁꽁 숨겨 놓은 내면이라 하더라도 결국엔 드러나기 때문이다. 지금부터 우리는 이런 내면의 심리가 수천, 수만 가지 모습으로 변형돼 때로는 어떤 심리적 불안 증상을 일으키고 또 때로는 이런 불안 증상이 하나의 병적으로 나타나 무리를 이룬 집단으로 나타나는 것을 살펴볼 것이다.

이들은 살면서 한 번도 보지 못한 사람들이거나 내 바로 옆자리에서 숨 쉬고 있는 인물일 수도 있다. 그들이 누구든, 모든 것은 심리의 한 부분이 결정적인 충격으로 변화를 일으켜 생겨난 무리들이며 이는 언제든 내게도 찾아올 수 있다.

존재하는 것은 모두 무시되어서는 안 되고, 다르다는 것도 마땅히 이해되어야 한다.

결함, 불편함, 질병이 가진 무게는 삶이 쉽게 감당할 수 있는 것이 아니다.

하지만 그것 덕분에 인류는 새로운 발전과 진화를 겪고,

전혀 다른 세상이 만들어지고 있으며,

영원히 예측 불가능한 창조력을 가지게 되는 것이다.

외딴 별에서 온 외계인
_자폐 스펙트럼

2장

'고독孤獨'이라는 말은 아무래도 슬픔의 색채가 짙다.

그래서 누구든 고독에 대해 이야기하면 괜히 서글퍼지기 마련이다. 고독은 고립孤立과 달라서 어떤 때는 누군가와 함께 있어도 여전히 고독하다고 느낀다. 정신적 고독은 아무리 육체적으로 서로 의지하고 있어도 쉽게 사라지지 않기 때문이다.

사람들과 철저하게 떨어져 지내도 은둔생활의 즐거움을 누리는 사람이 있는가 하면, 항상 타인과 교류하고 사람들 사이에 둘러싸여 있어도 외로움을 느끼는 사람이 있는 이유도 이로써 설명할 수 있다.

그런데 언제부터인지 이 세상에, 그리고 우리 곁에 '고독'이라는 외딴 별에서 온 사람이 나타나기 시작했다. 그들은 겉으로 보면 우리와 전혀 다르지 않지만, 몸속 어딘가에 분명 특별한 무언가를 가지고 있다.

독불장군 같은 외딴 별 사람들
_ 사회단절

　준수한 외모에 낯선 남자아이가 사람들의 눈길을 피한 채 까치발을 하고 옆으로 지나간다. 아이는 장난감이 아닌 더럽고 괴상하게 생긴 밧줄을 자기 손에 둘둘 감고 있다가 이따금 그 밧줄을 비비 꼬아댄다. 혹시라도 당신이 아이에게 관심을 보이거나 머리라도 쓰다듬으려고 하면 그 아이는 얼른 피한다. 그러면서 주위의 모든 것에 무관심한 듯 창밖만 멍하니 쳐다본다. 그는 마치 외톨이처럼 자신만의 세계에 빠져 있는 것 같다.

　그가 바로 '외딴 별'에서 온 사람이다. 지구별 사람들이 한데 모여 서로 교류하고 정을 나누는 사이, 외딴 별에서 온 사람은 늘 한쪽 구석에 가만히 서서 주위의 모든 것을 가볍게 무시해 버린다. 이런 행동은 이미 어렸을 때부터 시작된다. 심리학자인 토마스Thomas는 '영아'의 기질을 다음 세 가지 유형으로 구별했다.

순한 '양' 유형

대다수의 영아는 이 유형에 속한다. 이 유형의 아이는 비교적 규칙적으로 먹고 자며 새로운 환경과 사물에 잘 적응하고 낯선 사람과도 금방 친해져서, '낯가림이 없다'는 말을 종종 듣는다. 또한 사소한 일에도 기뻐하고 노는 것을 좋아하며, 부모 말도 잘 듣는다. 처음으로 '목욕'이란 것을 하게 됐을 때도 사슴 같은 눈을 깜빡거리거나 낯선 상황에 인상만 조금 찌푸릴 뿐, 소리를 지르거나 자지러지게 울지 않는다. 심지어 주사를 맞을 때도 조용한 편이며 큰 소란을 피우지 않는다. 이처럼 순한 유형의 아이는 얌전해서 어른들의 사랑과 관심을 쉽게 받는다.

까칠한 '고슴도치' 유형

이 유형에 속하는 영아는 그리 많지 않다. 그들은 한마디로 야단스럽다. 대표적인 특징으로 화를 잘 내고 툭하면 큰 소리로 울며 달래기도 어렵다. 또한 새로운 사물이나 환경을 받아들이는 속도도 느리다. 어른들은 종종 힘으로 이들의 고집을 꺾을 필요가 있다. 만약 낯선 간호사가 아이의 옷을 벗기려 들면, 아이는 고함을 지르거나 울면서 간호사를 발로 차고 손으로 밀치려 한다. 이런 유형의 아이는 잠에서 깨면 대부분 무턱대고 울기부터 한다. 그래서 엄마는 아이에게 젖을 먹이는 일도 거의 전쟁 같다며 혀를 내두른다. 이 유형의 아이는 부모에게 큰 골칫거리이기 때문에 양육 과정에서 아이와 부모 사이가 멀어지기 쉽다. 그런 점에서 어른들의 인내심과 관용이 필수적이다.

느린 '거북이' 유형

느린 아이는 순한 아이처럼 신나게 웃거나 즐거워하지도 않고 까다로운 아이처럼 요란하게 울고 떼쓰지도 않는다. 그저 항상 조용하고 위축되어 있으며 의기소침하게 풀이 죽어있다. 그들은 새로운 사물을 접하거나 특별한 변화와 자극이 생겨도 '귀찮아, 나 좀 그냥 내버려 둬!' 하는 식으로 일단 회피하려는 태도를 보인다. 하지만 기분이 좋을 때는 코알라처럼 느릿느릿 다가가 관심을 보이기도 한다.

이중 '외딴 별에서 온 아이(자폐)'는 어디에 속할까? 외딴 별 아이는 언뜻 느린 '거북이' 유형 같지만 어떤 면에서는 더 무관심하고 낯설게 행동하기 때문에 하나의 유형으로 묶을 수가 없다. 그래도 우리는 이들을 분석해 하나의 카테고리를 만들어서 이해해 보자.

이해 불가, 외딴 별에서 온 아이

외딴 별에서 온 아이는 지구별 아이와 달리 주위 사람들에게 미소를 짓거나 낮은 목소리로 속삭이는 법이 없고, 적극적으로 누군가와 놀려고 하지 않는다. 심지어 두려움을 느끼는 순간에도 그들은 부모에게 기대지 않는다. 대부분의 아이는 자신을 사랑스러운 눈길로 바라보는 사람과 눈 맞추길 좋아하지만, 외딴 별에서 온 아이는 좀처럼 상대방과 눈을 마주치려고 하지 않는다. 또 그중 일부는 아예 또래 아이들과 어울리는 것을 싫어하고 혼자 놀기를 원한다.

이들이 보여주는 특징은 바로 '사회적 단절'이다. 이 특징으로 인해 이들은 외부에서 받아들이는 온갖 정보들을 아예 차단시킨다. 이때 차단되는 대상은 오직 사람이며, 사물에 보이는 관심과 체험은 지구별 아이와 거의 차이가 없다. 어떤 경우는 오히려 외딴 별 아이들이 주어진 사물에 더 큰 관심을 보이기도 한다. 외딴 별에서 온 A양을 주시해 보자.

다른 외딴 별 아이들과 마찬가지로 A양도 상당한 집중력과 주의력을 가지고 있다. 그래서 자신이 가진 능력으로 이 혼란스럽고 어지러운 '지구'에서 평온하고 질서 있는 자신만의 세상을 창조해낸다. 가령 A양은 하루에 몇 시간씩 해변에 앉아서 모래성 쌓기를 하면서 손가락 사이로 모래알을 끊임없이 흘려보낸다. 그러면서 마치 현미경으로 사물을 관찰하는 과학자처럼 모래 한 알 한 알을 들여다본다. 그 외의 시간에는 지도 위에 그려진 길을 따라가듯 자신의 손금을 뚫어져라 살펴보곤 한다.

또 어떤 때는 제자리를 맴돌거나 동전만 하염없이 굴려댄다. 그럴 때면 A양은 모든 신경을 그 일에만 집중하기 때문에 주위 사람들을 마치 투명인간처럼 만들어버린다. 이들이 '안하무인眼下無人'격으로 행동하기 시작하면 그들의 부모조차도 상대하기가 쉽지 않다. 설사 갑작스러운 굉음이 들려도 자신만의 세상에서 곧바로 깨어나지 못하고 반응이 느리다.

하지만 주위 사람에게 무관심하다는 이유로 A양과 같은 사람들이 아무런 감정이 없다고 생각해서는 안 된다. 외딴 별에서 온 사람들은 종종 자신의 감정을 억누르지 못할 때가 많다. 특히 자신의 뜻대로 일이 진행되지 않으면 순식간에 폭발해서 돌발 행동을 보인다.

외딴 별에서 온 B군의 경우도 마찬가지다. 진흙으로 무언가를 만들고 노는 정상적인 아이와 달리, B군은 자신의 대소변을 가지고 논다. 심지어 그렇게 만든 것을 집안 곳곳에 아무렇게나 놓아둔다. 또한 B군은 퍼즐 조각을 입에 넣고 씹다가 바닥에 토해내기도 한다. 성격이 불같아서 조금만 좌절하면 손에 잡히는 대로 마구 집어 던지는데, 그럴 때는 제아무리 비싼 꽃병이나 대소변도 예외가 될 수 없다. 그러면서 끊임없이 소리를 꽥꽥 질러댄다. 이런 아이들이 성장해서 어른이 되면 '사회적 단절' 상황은 더욱 심각해져서 주위 사람들로부터 '아무짝에도 쓸모없다'는 말을 자주 듣게 된다.

만약 지구별 사람과 외딴별 사람들에게 똑같은 영화를 보여주면, 지구별 사람들은 주로 사회적으로 의미 있는 것들에 시선이 머문다. 대부분 말하는 사람의 눈 주위에 머물고 있으며, 배경 인물에게도 관심을 가진다. 반면에 외딴 별 사람들은 주로 비사회적인 것들, 예를 들어 여주인공의 입이나 상대방 남성의 재킷에만 시선이 머문다. 이것은 외딴 별 사람들이 사회적인 부분에 전혀 관심이 없으며, 타인과의 사교적 관계를 맺거나 발전시킬 능력이 없다는 점을 보여준다. 이로 인해 그들은 인간관계에서 지켜야 할 지극히 일상적인 관습이나 매너도 제대로 이해하지 못한다. 그래서 세상 물정을 전혀 모르고 복잡한 인간관계도 유연하게 대처하지 못하는 것이다. 그들에게는 물건을 사는 것처럼 간단한 사회적 활동도 무척 힘겨운 일이 된다.

사회적인 접촉을 모조리 피하고 세상과 완전히 동떨어져 있는 외딴 별 사람들과는 달리, 일부 외딴 별 사람들은 어느 정도 사교 활동에 참여하기도 하는데, 이들을 '고기능 외딴 별 사람들(아스퍼거 증후군)'이라고 부르겠다. 그러나 고기능 외딴 별 사람도 사교 활동 중에 성숙하지 못한 행동을 보이며 우정이라는 개념을 이해하는 데 무리가 있다. 예를 들어 고기능 외딴 별 아이는 자기보다 훨씬 나이 많은 사람과 어울려 놀기를 좋아하는데, 이것은 분명 평범하지 않은 교제 방식이라고 할 수 있다. 한 고기능 외딴 별 아이는 학교 점심시간에 항상 똑같은 친구와 어울린다고 엄마에게 말했다. 나중에 알아보니 아이가 '친구'라고 말한 사람은 다름 아닌 학교의 나이 많은 경비아저씨였고 매일 정오마다 아저씨의 일을 조금씩 도왔던 것뿐이었다.

어떤 고기능 외딴 별 성인은 자신의 어린 시절을 회상하며 이렇게 말했다.

"나는 어릴 때나 청소년 시절은 물론이고 어른이 되어서까지 주로 나이 많은 사람들과 어울렸다. 내가 그렇게 주동적으로 다가간 이유는 아마도 그들이 다른 연령대에 비해 너그럽고 차분하며 어린아이의 유치한 이야기도 인내심을 갖고 들어주었기 때문일 것이다."

사교 활동에 문제가 있는 고기능 외딴 별 사람들은 우정의 기준을 확실하게 이해하지 못해서 다음 질문에 쉽게 답하지 못한다.

"네 친구는 누구니?"

"그가 왜 네 친구라고 생각해?"

"평소에 넌 어떻게 친구를 사귀니?"

"친구는 왜 필요할까?"

"좋은 친구가 되려면 어떻게 해야 할까?"

그들은 자신에게 우호적인 태도를 보이면 낯선 사람이라도 쉽게 친구라고 생각한다. 하지만 동시에 친구란 절대로 고장 나지 않는 기계라고 생각하기 때문에 만약 급한 사정이 생겨서 함께 놀아주지 못하면 금세 등을 돌려 그들은 진정한 친구가 아니라고 여긴다.

뒤처지거나 혹은 뛰어넘는 사람들
_정신지체

대체로 우리는 지능지수가 70 이하이면 정신지체^{Mental} retardation라고 한다. 그런데 놀라운 것은 외딴 별 사람의 75~90%가량이 지능지수가 70점보다 낮다는 것이다. 그러나 똑같은 정신지체라고 해도 외딴 별 사람과 일반적인 정신지체 장애인은 차이가 있다. 아이큐는 통상적으로 공간지각능력, 수리력, 언어능력과 기억력 등을 포함하여 테스트하는데, 일반적인 정신지체 장애인은 모든 부분에서 정상보다 크게 뒤처지지만, 외딴 별 사람은 언어능력에 비해 공간지각능력은 훨씬 높게 나온다.

말은 하지만 말이 되지 않는다

절반이 넘는 외딴 별 사람들은 말을 거의 하지 않는다. 말을 한다고 해도 옹알이나 혼잣말처럼 중얼거리기도 하고 날카로운 비명소리를 내기도 한다. 어떤 때는 특별한 이유도 없이 노래나 드라마의 일부분, 또는 예전에 보았거나 들었던 장면의 대화를 반복적으로 말하기도 한다. 예를 들어 영화 「레인 맨Rain Man」에서 주인공 레이먼드는 어렸을 때 읽었던 책의 내용을 반복적으로 말한다.

"누가 1번 타자야… 누가 1번 타자야, 누가 1루수야, 누가 바로 1번 타자야… 내가 너에게 묻잖아, 누가 1번 타자야? 그건 바로 그 사람의 이름이… 누구? 그가 1루수… 누가 1루? 누가 1루수?"

심지어 어떤 외딴 별 사람은 순전히 기억에 의지해서 드라마 전체를 똑같이 재현하는데, 목소리뿐만 아니라 손동작, 박수 소리까지 총동원한다. 또 인칭을 사용하는 방법이 특이해서 종종 2인칭(당신) 혹은 3인칭(그, 그녀)으로 자신을 지칭하며 지나치게 '격식'을 갖춰 말하기도 한다. 예컨대 엄마가 집에 있는지를 알고 싶은 아이들은 보통 "엄마 집에 있어요?"라고 묻지만 외딴 별 아이는 이렇게 말하기도 한다.

"실례지만, oo 여사님이 현재 집에 계십니까?"

또한 외딴 별 사람은 마치 아무 감정도 없는 로봇처럼 억양의 변화 없이 말을 한다. 그런데 사실 누구나 알다시피 똑같은 말을 하더라도 억양에 따라 의미가 다르다. 다음의 문장을 그 예로 살펴보자.

나는 그녀가 내 돈을 훔쳤다고 말하지 않았다. (다른 사람이 말했다.)

나는 **그녀가** 내 돈을 훔쳤다고 말하지 않았다. (다른 사람이 훔쳤다.)

나는 그녀가 **내** 돈을 훔쳤다고 말하지 않았다. (그녀는 다른 사람의 돈을 훔쳤다.)

나는 그녀가 내 **돈을** 훔쳤다고 말하지 않았다. (그녀는 다른 것을 훔쳤다.)

나는 그녀가 내 돈을 **훔쳤다고** 말하지 않았다. (그녀는 확실히 내 돈으로 뭘 어떻게 하긴 했다.)

나는 그녀가 내 돈을 훔쳤다고 **말하지** 않았다. (그렇지만 은연중에 암시는 했다.)

나는 그녀가 내 돈을 훔쳤다고 말하지 **않았다.** (나는 확실히 말하지 않았다.)

그러나 외딴 별 사람은 억양에 변화를 주어 의미를 구분해서 표현하지 못하며, 남의 말을 들을 때도 그 의미의 차이를 구별하지 못한다. 그래서 위의 말도 처음부터 끝까지 일정한 톤으로 아무 감정 없이 말한다. 근본적으로 외딴 별 사람들은 '너 한마디 나 한마디'식의 대화를 해나가지 못하며, 그러다 보니 어떤 주제에 대해 이야기를 길게 나누는 것은 거의 불가능에 가깝다.

규칙적인 시간에, 규칙적인 순서대로,
규칙적인 일하기

영화 「레인 맨」에서 주인공인 레이먼드는 월요일 아침마다 똑같은 피자를 먹고, 정해진 시간에 '시민법정'이라는 프로그램을 본다. 이와 마찬가지로 외딴 별 사람 중에는 반드시 정해진 선반 위에 자신의 장난감을 두어야 하며, 아침밥도 항상 루틴을 만들어 법률처럼 고집한다. 예를 늘면 '계란 - 수스 - 토스트'의 순서를 반드시 지키려 하는 것이다.

이렇듯 규칙적인 시간에 규칙적인 순서대로 규칙적인 일을 하는 것은 외딴 별 사람의 전형적인 '의식행위'다. 그들이 규칙을 정해놓고 그 원칙을 질리지 않고 꾸준하게 하는 이유는 이들이 새로운 것을 잘 받아들이지 못하기 때문이다. 만약 하려던 일이 순서대로 진행되지 않거나 어느 단계가 누락되면, 그들은 세상에 종말이라도 온 것처럼 불안해하며 화를 낸다. 가령 하굣길에 엄마가 은행에라도 잠시 들르면, 외딴 별 아이는 엄마가 늘 가던 길로 가지 않는다며 펄펄 뛴다.

이 밖에도 그들은 '익숙한 행동을 반복하려는 심리'를 가지고 있어서 제자리 돌기, 까치발로 뛰기, 손뼉치기, 흔들기 등과 같은 동작을 끊임없이 반복하기도 한다. 영화 「레인 맨」에서도 레이먼드가 마치 목마처럼 몸을 앞뒤로 흔들면서 걷는데 무척 깊은 인상을 심어준다.

어떤 외딴 별 아이들은 '자해'가 될 정도로 똑같은 행동을 반복하기도 한다. 예를 들어 어딘가에 머리를 부딪치거나 손을 무는 행동은 흔히 볼 수 있으며, 피가 날 때까지 머리카락을 잡아당기기도 한다. 외딴 별에서 온 아이들은 주로 종이를 찢거나 장난감 자동차와 인형을 가지고 노는 것을 좋아한다. 단 지구별 아이가 장난감을 가지고 노는 것과는 달리 장난감의 일부분에만 지나친 관심을 보인다. 예를 들어 그들은 자동차 자체는 전혀 관심이 없고 자그마한 바퀴에만 흥미를 보이거나, 바비인형으로 '소꿉장난'을 하지 않고 인형의 팔을 뜯어서 손에 올려놓고 요리조리 만지는 식이다.

지구별 사람들은 어떤 일에 직면했을 때 우선 정보를 통합적으로 살피고 요점을 파악하는데, 그 과정에서 통상적으로 세세한 부분은 소홀하기 쉽다. 반면 외딴 별 사람들은 작은 부분에만 집중적으로 신경 쓰느라 전체를 보지 못한다. 예컨대 아래 도표를 보자.

```
        H                          A            A
       HH                          A            A
      H   H                      A  A  A  A
     HHHH                          A            A
    H        H                     A            A
  H              H                 A            A
```

　지구별 사람들은 대체로 전체적인 형태에 먼저 주목한다. 좌측 도표를 보면 알파벳 'H'가 'A' 형태로 그려져 있는데, 이때 대부분의 지구별 사람들은 'H'라는 작은 글자보다는 'A'와 닮은 도형의 전체적인 형태부터 보게 된다. 이와 정반대로 외딴 별 사람들은 전체적인 형태를 잘 알아보지 못한다. 그들 대뇌의 주의력은 온통 흩어져 있는 작은 부분인 'H'에 집중되어 있기 때문이다. 물론 오른쪽 도표를 볼 때도 이와 마찬가지다.

　C가 갓난아기였을 때, 사람들은 '일반적인 아이와 다르다'는

사실을 발견했다. 아기는 다른 사람에게 안기는 것을 무척 싫어했고 세 살이 될 때까지도 말을 하지 않았다. 그래서 처음에는 청각장애를 의심했지만, 후에 검사를 통해 외딴 별에서 왔다는 사실이 드러났다.

D는 3살 된 외딴 별 남자아이다. 아이는 마치 다른 사람과 멀리 떨어져 혼자 살아가는 것 같았다. 아침에 일어나도 엄마와 눈 맞춤이 없고 저녁에 아빠가 퇴근해도 아무런 반응을 보이지 않았다. 또한 다른 아이들은 물론 동생까지도 본체만체하며, 혼자서 이상한 소리를 내거나 비명을 지를 때가 많다. 말을 하더라도 새로운 대화를 시도하는 것이 아니라 예전에 다른 사람이 한 말을 그대로 흉내 낼 뿐이다.

D에게 가장 큰 도전은 바로 변화를 시도하거나 흥미를 발전시키는 일이다. 가령 자신의 장난감 자동차를 가져가 버리거나 조각 퍼즐을 엉망으로 맞추거나 물건의 위치를 바꿔놓는 등 자신이 나름대로 정해놓은 방식을 바꾸는 일이다. 또는 제대로 된 젓가락질을 배우거나 가만히 앉아서 책을 읽는 일도 큰 도전이다.

세상에서 가장 특별하게 빛나는
외딴 별

자신만의 세상에서 특별함을 담는 그림 천재

Y는 심각한 정신지체가 있고 말을 잘하지 못하는 외딴 별 사람이다. 그는 창백한 얼굴에 금방이라도 바람에 쓰러질 것처럼 허약해 보였다. 그래서 사람들은 Y가 아는 것도 없고 할 수 있는 일도 없는 머저리라고 생각했다. 그런데 한번은 한 연구원이 그에게 회중시계를 쥐여주고 그것을 그려보라고 했다. 주위 사람들은 "저 녀석은 시계가 뭔지도 모르고 시간 개념도 없는걸요. 괜한 시간 낭비예요."라고 말했다.

그러나 예상과 달리 그는 회중시계를 받아들고서 거침없이 그리기 시작했다. 그는 평소 모습과는 완전히 다른, 몸과 마음을 하나로 집중하는 모습을 보였다. 두렵거나 주저하는 기색이 없었고 더할 나위 없이 차분하고 침착했다. 그는 주위 어떤 것에도 신경 쓰지 않고 오직 그림을 그리는 데만 몰두했다.

빠른 속도로 완성된 그의 그림은 놀라울 정도로 세밀했다. 선이 뚜렷해서 따로 덧칠할 필요도 없었다. Y가 회중시계를 완벽하게 파악하고 이해했다는 사실이 그림에 그대로 드러나자, 시간 개념이 없다며 그를 무시했던 사람들은 자기 눈을 의심할 수밖에 없었다. 만약 그가 정말 아무런 개념도 없었다면 어떻게 이처럼 실제와 똑같은 모양에 '추상적인' 예술미까지 가미된 그림을 그릴 수 있었겠는가?

그래도 어떤 사람은 여전히 Y를 의심하며 연구원에게 말했다.

"이건 그냥 똑같이 베낀 것뿐이잖아요. 대충 흉내 내어 그린 것이라고요."

그러자 연구원은 Y에게 또 다른 사진(두 사람이 큰 산과 석양을 배경으로 호수 위에서 통나무배를 젓고 있는 장면)을 보여주면서 다시 한번 그림을 그려 보라고 했다.

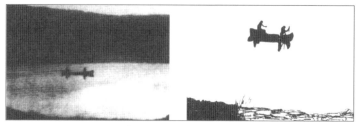

왼쪽은 원본 사진이고, 오른쪽이 Y가 그린 그림이다.

 Y의 두 번째 그림은 사람들에게 더욱 깊은 인상을 남겼다. 그림을 그린 속도도 빨랐지만, 사진과 그림이 놀랄 만큼 닮아있었기 때문이다. Y는 사진을 대강 훑어보고 곧바로 그림을 그려냈다. 이런 결과가 나왔다는 것은 그가 사진 속의 상황을 충분히 이해했으며 단순히 흉내만 낸 것이 아니라는 의미다. 게다가 그의 그림에는 원래의 사진에서는 볼 수 없는 생동감이 더해졌다. 배에 탄 사람들의 모습은 사진보다 확대되어 강렬함과 생명력을 느끼게 하며 원본에 없는 몰입감과 예술적 경지를 보여주었다. 그는 간단한 복제 능력을 뛰어넘어 나무랄 데 없는 상상력과 창조력을 지니고 있었다. 그 결과 어느 곳에서도 볼 수 없는 자신만의 통나무배를 그려낸 것이다. 같은 방법으로 그는 '자신만의 물고기'도 그려냈다.

　왼쪽 그림이 원본이며 오른쪽은 Y가 그린 그림이다. 그가 그린 것은 단순한 물고기가 아니라 독특하고 톡톡 튀는 물고기다. 원래 그림은 아무런 개성도 없고 죽은 물고기처럼 입체감이 없고 마치 실험실의 표본처럼 보인다. 반면 Y의 물고기는 조금 더 비스듬하게 그려졌지만, 전체적인 구도가 안정적이며 생동감이 넘쳐서 원래 그림보다 훨씬 더 살아있는 것 같다.

　활력이 넘치는 Y의 그림은 원본과 완벽하게 닮지는 않았지만, 예술적 표현력은 훨씬 풍부하다. 고래를 닮은 듯 심오하고 거대한 주둥이, 짧은 꼬리, 약삭빠르게 보이는 눈 등 부분적으로 익살스러움도 가미되어 있다. 반인반어半人半魚라고 불러도 될 만큼 재미있고, 『이상한 나라의 앨리스』에 나오는 청개구리 하인처럼 동화에서나 튀어나올 법한 캐릭터다.

　이처럼 외딴 별 사람 중에는 특이하게도 수학, 예술, 음악 같은 특정 분야에서 남다른 능력을 선보여 사람들을 깜짝 놀라게 만드는 사람들이 있다. 마치 시각장애인이 남다른 청력을 가진 것과 마찬가지로, 이러한 능력은 그들에게 주어진 일종의 보상이라고 할 수 있겠다.

완벽하게 수를 이해하는 수학 천재

E와 F는 사람들에게 귀여움을 받지 못하는 쌍둥이 외딴 별 아이들이다. 그들의 외모는 좀 특이하다. 유난히 작은 체구에 머리와 손의 비율이 맞지 않고 위턱과 발 모양이 심각하게 굽어 있다. 또 말할 때는 악센트가 전혀 없이 웅얼거리고 시도 때도 없이 몸을 실룩거린다. 그뿐만 아니라 고도의 근시 때문에 알이 두꺼운 안경을 쓰고 있어서 눈동자가 왜곡되어 보인다. 그들은 항상 비정상적이며 불안정한 주의력으로 어느 한 곳만 뚫어져라 쳐다보기도 한다.

그런데 그런 E와 F가 수학 분야에서 보여주는 재능은 이 모든 부족함을 완전히 잊게 만들만큼 뛰어났다.

"특정한 날짜를 말하면, 지금으로부터 앞뒤로 4천 년 사이의 그 날짜를 모두 계산할 수 있어요."

그들은 8만 년 동안 부활절이 모두 언제였는지를 계산할 수 있었고, (대략 4세부터 시작하여) 여태까지 언제 무슨 일이 있었는지 모두 기억했다. 비록 악센트 없이 단조롭고 기계적인 목소리로 이야기했지만, 그날의 날씨나 정치적 사선, 혹은 자신이 한 일들을 세세하게 말했다. 심지어 기억 속에는 어린 시절에 받았던 고통이나 열등감, 경멸, 비웃음, 모욕적인 경험까지도 포함되어 있었다.

그런데 정작 그들의 수학적 능력을 측정하면 기대에 크게 못 미치는 결과가 나왔다. 아이큐가 고작 60점 정도에 불과했다. 쉬운 더하기, 빼기조차도 못하고 곱셈이나 나눗셈은 전혀 이해하지 못했다. 어떻게 이런 일이 있을 수 있을까?

일찍이 『소수의 고독La solitudine dei numeri primi』이란 책에서는 외딴 별 사람과 소수 사이는 우연일지도 모르지만 이해하기 힘든 그 무언가가 존재한다고 말한다.

여기서 잠깐, 소수素數가 무엇인지 살펴보자. 소수는 1보다 큰 자연수 중에서 1과 자기 자신만으로 나누어떨어지는 수를 가리킨다. 즉, 1부터 100 사이에는 2, 3, 5, 7, 11, 13, 17, 19, 23, 29, 31, 37, 41, 43, 47, 53, 59, 61, 67, 71, 73, 79, 83, 89, 97까지 모두 25개의 소수가 존재한다.

한번은 E와 F가 어느 구석 자리에 앉아 알 수 없는 듯한 미소를 짓고 있었는데, 그 모습이 더할 나위 없이 편안하고 즐거워 보였다. 두 사람은 보기 드물게 대화를 하고 있었는데 자세히 살펴보니 '말'이 아닌 '숫자'를 주고받고 있었다.

먼저 E가 6자리의 숫자를 말하자 F는 곧 알아들었다는 듯이 고개를 끄덕이며 미소를 지었다. F는 마치 그 숫자의 맛을 음미하는 것 같았다. 그러더니 F는 자기 차례라도 된 듯 새로운 6자리의 숫자를 말했다. 이번에는 E가 그 맛을 음미하는 것 같았다. 마치 최고급 와인을 음미하는 소믈리에 같은 두 사람의 모습은 그야말로 흥미로운 광경이었다. 그렇다. 이들이 대화 중에 언급한 숫자들은 모두 소수였다.

그때 어떤 사람이 호기심에 두 사람의 대화에 끼어들었다. 그는 수학책에서 알게 된 8자리의 소수를 시험 삼아 그들에게 건네보았다. E와 F는 순간 멈칫하더니 그 숫자가 소수임을 금방 깨닫고는 그가 자신들의 놀이를 이해해 준 것처럼 즐거워했다. 그러더니 E가 곧 9자리의 소수를 말했다. 대화에 끼어들었던 참여자는 서둘러 수학책을 펼쳐서 10자리의 소수를 찾아내어 대답했다. 약 5분이 지난 뒤, 이번에는 F가 갑자기 12자리의 소수를 말했다. 대화에 참여했던 사람은 몹시 당황스러웠다. 그의 책에는 10자리가 넘는 소수는 적혀 있지 않았기 때문이다.

이처럼 E와 F뿐만 아니라 많은 외딴 별 사람들이 소수에 대해 각별한 애정을 보인다. 소수는 마치 언어장애가 있는 사람들이 외부 세계에 자신을 드러낼 수 있게 도와주는 일종의 표현방식처럼 보인다. 한 외딴 별 사람인 G는 수학에 대해서는 아는 게 거의 없지만, 12년간 오로지 소수표를 만드는 데 집중했다. 그의 표에 실린 숫자의 수는 무려 800만에 이른다. 인간의 평균 수명을 생각해 볼 때, 일반인들이 기계의 도움을 받지 않고 죽기전에 이런 일을 해낼 가능성은 거의 없다.

사전을 통째로 외우는 기억력 천재

새로운 사람을 언급하기에 앞서, 영화 「레인 맨」의 주인공 레이먼드도 뛰어난 기억력을 가진 이였다. 그는 한 번 읽은 책을 통째로 외우고 전화번호부 책에 실린 사람들의 번호도 모조리 기억했다. 레이먼드와 같은 외딴 별 사람인 G도 1954년에 출판된 대작 『그로브 음악 및 음악인 사전The Grove Dictionary of Music and Musicians』을 모두 외운다. 그 사전은 9권이 한 세트로 구성되어 있으며 총 6천여 페이지에 달하는 방대한 분량이지만, G는 특정 페이지를 말하면 그 페이지의 내용을 줄줄 말할 수 있었다.

이와 마찬가지로 고기능 외딴 별 사람(아스퍼거 증후군)인 H는 원주율의 소수점 뒤 22,500자리까지의 숫자를 모두 기억한다.

일반 서적에는 원주율의 소수점 뒤 숫자가 몇십 혹은 몇백 자리 밖에 나와 있지 않다. 그래서 H는 인터넷을 뒤져 그 뒤에 이어지는 숫자들을 찾았다. 운 좋게 어떤 사이트에서 천 자리가 넘는 숫자를 겨우 찾아냈지만, 그는 여전히 성에 차지 않았다. 결국 H는 도쿄의 한 슈퍼컴퓨터 웹사이트에서 백만이 넘는 자릿수의 원주율 자료를 찾아냈다. 곧바로 그는 석 달여 동안 이 숫자들을 외웠고, 마침내 원주율 소수점 이하 22,500자리까지의 숫자를 무려 5시간에 걸쳐 전부 외워 말했다.

이처럼 '어마어마한 일'을 해낸 후에 H는 또 다른 도전을 시도했다. 그것은 고작 1주일이라는 기간에 아이슬란드어를 습득하는 일이었다. 아이슬란드어는 세계적으로도 복잡하고 배우기 어려운 언어 중 하나이다. 예컨대 1에서 4까지의 간단한 숫자도 때에 따라 쓰는 방법이 최소 20가지나 되기 때문에 앞뒤 문장과 결부시켜 무엇을 써야 할지 결정해야 할 정도다. 또한 아이슬란드어는 외래어를 그대로 빌려 쓰지 않고 새로운 자신들만의 언어를 따로 만들어 사용한다. 그런데 H는 아이슬란드어를 접한 지 일주일 후 약 30분가량 진행되는 아이슬란드 토크 쇼에 출현해 방송 내내 아이슬란드어를 사용하는 두 진행자와 막힘없이 이야기를 나누었다. 토크 쇼는 사전 질문이 유출되지 않아서 H

는 즉흥적인 질문에 대답해야만 했다. 하지만 그에게 이런 상황은 전혀 문제되지 않았다.

1초 목격으로 모든 것을 담아내는 인간 사진기

여태까지 어떤 한 방면에 특별한 능력을 가진 외딴 별 사람들의 사례를 살펴보았는데, 다음에 언급되는 사례를 보면 아마 더욱 흥미로울 것이다.

사진 속 모습은 스티븐 윌셔stephen wiltshire라는 외딴 별 사람과 그가 그린 그림이다. 그의 별명은 '인간 사진기'다. 단 한 번 가

본 곳이라도 관찰한 기억에 의지해서 그곳 풍경을 똑같이 그려낼 수 있기 때문이다. 제아무리 구조가 복잡한 건축물이나 도시풍경, 무너진 담벼락이 아무렇게나 널려있는 유적지, 또는 지진 후에 쑥대밭이 되어버린 처참한 광경이라고 해도 스티븐에게는 전혀 문제가 되지 않는다. 그는 이미 도쿄, 뉴욕, 로마, 홍콩, 마드리드, 프랑크푸르트와 예루살렘 등지의 풍경을 파노라마처럼 그려낸 바 있는데, 사람들의 입이 떡 벌어질 만큼 아주 세세한 부분까지 똑같이 그려냈다.

또한 그는 창문이나 물체들이 어디에 얼마나 있는지를 포함해서 그 모든 그림을 순식간에 완성해낸다. 사람들은 길을 걸으면서 만나는 수많은 건물을 별 대수롭지 않게 보고 지나칠 뿐, 일부러 시간을 들여 건물들을 뚫어져라 살펴보지는 않는다. 그런데 스티븐은 그렇게 지나치듯 훑어보기만 해도 그 방대한 데이터들이 자연스럽게 머릿속에 저장된다. 그것도 매우 정확하게 말이다. 그는 정밀하고 명료한 방식으로 세상을 관찰함으로써 모든 경치를 각각의 물체로 세분화하고 그것을 다시 정확한 숫자로 바꾼다. 이것은 정말 타고난 재능이다.

일반적으로 공간지각능력이나 기억력, 세밀한 부분까지 놓치지 않는 탁월한 관찰력과 같은 재능 중 한 가지를 가진 사람은 많지만, 그것을 몽땅 다 가지기는 어렵다. 그러나 스티븐의 몸속에는 그 재능들이 완벽하게 하나가 되어 존재한다. 이런 일이 벌어질 확률은 거의 백만분의 일이다. 그만큼 스티븐은 천재 중의 천재라고 할 수 있다.

머릿속을 거니는 황홀한 숫자들의 향연

눈이 휘둥그레질 만큼 놀라운 외딴 별 사람들의 재능을 보고 나면, 과연 그들은 우리와 어떠한 차이점이 있을지 궁금해질 것이다. 일반적으로 우리는 무언가 상황을 받아들일 때 복합적으로 생각한다. 하지만 외딴 별 사람은 오로지 이미지로만 받아들인다. 그것은 마치 똑같은 사건에 대해 누군가에게는 '영화'만 있고 '이야기'가 없는 것과 같다. 그들의 대뇌는 정보를 처리하고 연산할 때 모두 '이미지'를 기준으로 사유하기 때문이다.

우선 외딴 별 사람인 V의 사례를 살펴보자. V의 눈에 비치는 숫자들은 모두 각각의 형태를 가지고 있다. 특히 그에게 소수들은 해변에 굴러다니는 조약돌처럼 매끈하고 반들반들하게 보인다. 그래서 그는 돌을 골라내는 것처럼 1부터 9973 사이의 소수들을 모두 기억할 수 있다. 그에게 숫자들은 하나하나가 유일무

이한 형태로 각각 자신만의 이미지와 특징을 가지고 있다.

예를 들어 11은 매우 친절하고, 5는 시끄러우며, 4는 수줍음이 많고 조용하다. 그가 4라는 숫자를 좋아하는 이유도 자신과 가장 많이 닮은 숫자이기 때문이다. 또한 그에게 23, 667, 1179 같은 숫자는 무척 크고 우둔한 동물처럼 보이고, 6, 13, 581과 같은 숫자는 자그맣게 보인다. 333은 아름다운 모습이지만 289는 못생겼다.

심리학에는 '공감각synesthesia'이라는 심리현상이 있는데, 어떤 하나의 감각이 다른 영역의 감각을 불러일으키는 것으로, 몇 가지 감각이 상호작용하면서 하나로 연결되는 것을 말한다. 가장 흔히 볼 수 있는 것이 '색깔과 온도'의 공감각이다. 이것은 색채를 식별하는 감각과 온도를 느끼는 감각의 결합을 가리킨다. 예를 들어 사람들은 붉은색, 주황색, 노란색을 보면 대개 따뜻하다고 느낀다. 그래서 이 색들을 난색暖色이라고 하고, 반면 남색, 푸른색, 녹색은 차가워 보여 한색寒色이라 부른다. 하지만 외딴 별 사람의 '공감각' 현상은 보기에도 어렵고 무척 복잡하기까지 하다. V에게 숫자란 단순히 그어진 획수가 아니라, 소리, 색, 모양, 재질도 있어서 그것으로 희로애락을 표현할 수 있다.

예컨대 1은 밝은 흰색과 같은데, 꼭 손전등의 불빛처럼 눈을 뜨지 못할 만큼 밝은 느낌이다. 5는 우르르 쾅쾅 소리를 내는 천둥, 혹은 성난 파도가 포효하는 소리와 같다. 37은 아침에 먹는 오트밀 죽처럼 끈적끈적하며, 89는 눈발이 날리는 것 같은 느낌이다. 이를테면 아래 그림처럼 숫자를 표현할 수 있다.

수많은 계산방식 중에서 V가 특별히 좋아하는 계산방식은 따로 있는데, 그것은 바로 같은 수를 n번씩 곱하는 거듭제곱이다. 예를 들어 72의 제곱은 72×72=5184, 51의 세제곱은 51×51×51=132651과 같은 계산방식이다. 그의 눈에는 이러한 형태가 멋진 대칭을 이루고 있어 아름답고 규칙적으로 보인다. 거듭제곱으로 얻은 숫자는 그에게는 독특한 시각적 이미지로 바뀌는데, 계산하는 숫자와 결과로 얻은 숫자의 값이 크면 클수록 그의 눈 앞에 펼쳐지는 이미지와 색깔이 더욱 다채롭고 화려하다. 37번을 5제곱한 37×37×37×37×37=69343957의 경우에는 커다란 원 안에 작은 원들이 위에서부터 시계방향으로 돌고 있는 하나의 아름다운 무늬처럼 보인다.

한편, 나눗셈은 아래로 회전하는 나선 모양처럼 보이는데, 회전하는 범위가 크면 클수록 심하게 비뚤어지거나 변형되기도 한다. 나눗셈마다 그려지는 나선의 크기와 곡선도 제각각이다. 이런 방법으로 그는 13÷97의 답(0.1340206……)도 재빠르게 구할 수 있다. 그가 구한 답은 소수점 이하 백 자리까지도 매우 정확하다.

V는 오직 암산으로 문제를 풀며 절대로 펜을 들지 않는다. 마음속에 그려지는 숫자의 이미지가 바로 정답이기 때문이다. 가령 곱셈을 할 때는 우선 곱셈에 필요한 두 개의 숫자를 대표하는 도형이 보인다. 그러면 곧 도형에 차츰 변화가 생기면서 또 하나의 새로운 도형이 그려지는데 그것이 바로 정답이 된다. 이와 같은 신기한 도형의 변화는 단지 몇 초밖에 걸리지 않으며, 머릿속에서 너무나 자연스럽게 변화하기 때문에 힘들여 고민할 필요도 없다. 예컨대 아래 도형처럼 그릴 수 있다.

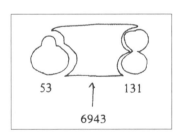

이것은 그가 53×131을 계산하는 과정이다. 곱하기를 할 두 개의 숫자는 이미 그의 눈에 특정한 도형으로 보인다. 두 도형은 일대일로 마주 보고 있으며 중간은 텅 비어있는데, 그 부분에 바로 제3의 도형이 그려지면서 6943이라는 곱셈의 결과가 나온다.

매번 계산 때마다 그려지는 이미지는 늘 다른데, 그중 일부 특정한 숫자는 그에게 색다른 느낌을 불러일으킨다. 예컨대 11을 어떤 수와 곱셈할 때는 무너지는 느낌을 받는다. 숫자 중에서 그가 가장 기억하기 어려운 숫자는 6이다. 6은 특별한 형태로 표현되지 않고, 독특한 질감도 없으며, 아주 작은 틈새나 구멍처럼 조그맣고 새까만 점처럼 느껴지기 때문이라고 한다.

가끔 잠들기 전에 그의 눈앞에는 갑자기 밝은 빛이 비치면서 수천이나 되는 숫자들이 여기저기 떠다니는데, 그 광경은 마치 천국에라도 온 것처럼 환상적이다. 또 잠이 오지 않을 때면 V는 숫자들의 풍경 속을 한가롭게 걸어 다니는 상상을 하며 편안함과 즐거움을 느낀다. 그는 상상 속에서 단 한 번도 길을 잃은 적이 없다. 소수가 마치 이정표처럼 그에게 방향을 알려주기 때문이다.

계산하지 않아도 그려낼 수 있는 수학 문제

여기서 잠시 앞에서 언급했던 쌍둥이 외딴 별 사람이자 수학 천재인 E와 F의 경우를 다시 살펴보자.

만약 그들에게 "어떻게 그 많은 것을 다 기억하나요? 300자리가 넘는 긴 숫자나 몇십 년 전의 사소한 일 같은 것 말이에요."라고 물어보면, 그들은 너무나 간단하게 대답한다.

"우리 눈에는 그게 다 보여요!"

그들의 머릿속에 보관되어 있는 방대한 이미지, 예를 들어 각종 풍경들과 사람의 모습 등 이미 한 번씩 듣고 보고 생각했던 일은 눈만 돌리면 그 기억들의 사소한 부분까지 찾아서 볼 수 있다고 한다. 실제로도 그들에게 어떤 기억에 관해 물어보면, 그것을 생각하는 것처럼 보이지 않고 그저 자료를 찾는 것처럼 보인다. 그래서인지 그들의 눈동자는 마치 스캐닝을 하는 것처럼 빠른 속도로 움직이다가 갑자기 멈춘다. 만약 성냥갑 하나가 테이블 위에서 떨어져 성냥이 온통 바닥에 흩어지면, 두 사람은 약속이나 한 듯 동시에 "111"이라고 말한다. "어떻게 그렇게 빨리 계산하죠?"라고 물어보면 이렇게 대답할 것이다.

"우리는 계산하지 않았어요. 그냥 111을 본 것뿐이에요."

원주율의 소수점 뒤 22,500자리까지의 숫자를 모두 기억하는 H의 경우도 마찬가지다. 그는 숫자를 외울 때 모든 것을 풍경화로 '묘사'해낸다. 우선 하나의 긴 숫자를 각각의 작은 부분으로 나눈다. 만약 밝은색 이미지의 숫자 뒤에 칙칙한 이미지의 숫자가 따라 나오면 두 숫자를 갈라놓는다. 또 반듯하지 못한 숫자 뒤에 그와 비슷한 모양의 숫자가 연속으로 나오면 두 숫자를 함께 둔다. 숫자가 많으면 많을수록 그려지는 풍경은 복잡해진다. 그런 풍경이 빽빽하게 늘어서서 마음 깊은 곳에 '숫자의 성벽'을 세우게 된다. 원주율을 외우는 것도 끊임없는 '성벽 짓기'의 과정인 것이다. 아래 그림은 그의 시각으로 '본' 원주율 소수점 20자리의 모습이다.

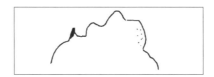

숫자는 완만한 곡선을 그리며 올라가다가 갑자기 굵어지고, 중간의 울퉁불퉁한 길을 지난 뒤에 구불구불하게 아래로 떨어진다.

다음 그림은 그가 본 소수점 뒤 100자리의 모습이다.

그럼 이제 외딴 별 사람인 J가 '이미지 사유'를 통해 고등학교 수학 문제를 푸는 과정을 살펴보겠다. 그의 답을 보기에 앞서 일단 각자 자기 방식대로 아래 문제를 한번 풀어보자.

문제는 다음과 같다.

> 한 방에 모두 27명의 사람이 있다. 만약 모든 사람이 각각 자신을 제외한 나머지 사람들과 악수를 하고 헤어진다면, 방 안 사람들은 모두 몇 번의 악수를 하게 되는가?

이 문제를 접했을 때 J는 곧바로 눈을 감고 커다란 풍선 안에 들어있는 두 사람을 떠올렸다. 그 커다란 풍선 바깥쪽에는 반쪽짜리 풍선이 붙어 있는데 그 안에 제3의 인물이 있다. 커다란 풍선 안의 두 사람이 서로 악수한 후, 반쪽짜리 풍선 안에 있는 제3의 인물과 악수를 한다면 모두 세 차례 악수가 이뤄진다. 이어서 제4의 인물이 있는 또 다른 반쪽짜리 풍선이 커다란 풍선에 붙는다. 커다란 풍선 안에 있던 두 사람이 계속해서 제4의 인물과 악수를 하고, 반쪽짜리 풍선 안에 있는 제3의 인물과 제4의 인물이 서로 악수를 하면 모두 6차례의 악수가 이뤄진다. 그런 식으로 또 다른 반쪽짜리 풍선에 있는 제5의 인물과 다른 사람들이 모두 악수를 하면 모두 10차례의 악수가 이뤄진다.

따라서 악수의 수를 배열하면 이렇다.

1, 3, 6, 10, 15 ……

그리고 이 숫자들을 점 모양으로 배열하면 다음 삼각형들이 된다.

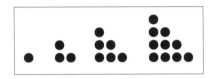

삼각형의 숫자는 이렇게 얻어진다.

1+2=3, 1+2+3=6, 1+2+3+4=10, 1+2+3+4+5= ……

여기서 조금만 유심히 관찰하면 앞뒤 두 개의 삼각형을 더했을 때 하나의 정삼각형을 이루는 숫자가 나온다는 사실을 발견할 수 있다. 예컨대 6+10=16(4×4), 10+15=25(5×5)와 같다. 6개의 점으로 된 도형을 회전시켜 바로 뒤에 있는 10개의 점으로 된 도형의 우측 상단에 놓으면 다음과 같은 결과가 나온다.

이 수수께끼의 답이 삼각형 숫자와 관련 있다는 사실을 알고 난 후, J는 식을 곧바로 찾아냈다. 먼저 첫 번째 삼각형 숫자는 1이지만, 이것은 두 사람에게서 나온 숫자다. 악수는 최소한 두 사람이 있어야 가능하기 때문이다. 만약 삼각형 숫자의 배열이 두 사람에게서 시작되었다면, 26번째에 나오는 숫자가 27명의 악수로 나온 결과가 된다.

또 10이라는 숫자는 위에서 4번째로 나오는데, 그것과 4는 관계가 있다. 즉, (4+1)×4/2라는 것이다. 나머지 숫자들도 (n+1)×n/2라는 계산식에 정확하게 일치한다. 예를 들어 5번째 삼각형 숫자는 (5+1)×5/2=15가 된다. 그러므로 이 수수께끼의 정답은 (26+1)×26/2=27×13=351이다. 27명이 서로 악수를 할 경우 악수의 총횟수는 351번이 되는 것이다.

요즘은 지구별 사람들도 컴퓨터 기술을 이용해 '이미지 사유'를 체험하기도 하는데, 가령 특수 안경을 쓰고 온몸으로 동영상 게임을 하는 것과 같은 경우다. 그러나 이런 기술은 외딴 별 사람의 '이미지 사유'에 비하면 조잡한 애니메이션처럼 보잘것없다. 외딴 별 사람의 '이미지 사유'는 할리우드가 제작한 「아바타」 속 특수효과와 감이 비견할 만하다. 그들은 어떤 일을 구상하거나 문제를 해결하려고 할 때, 마치 머릿속에 들어있는 비디오 영상을 돌려보듯 다양한 각도로 회전하며 살펴볼 수 있다. 컴퓨터 프로그램을 따로 이용하지 않아도 오직 대뇌에 의지해 그 복잡하고 어려운 도형을 분석하는 것이다.

그러나 '이미지 사유'도 양날의 검과 같다. 무엇이든 이미지로 사고하는 사람은 비시각적 사고방식을 이해하지 못해서 언어의 다양성이나 애매모호함, 그 예술적 경지와 깊이를 놓치게 된다. 이것 또한 외딴 별 사람의 감정 결핍을 야기하는 원인이다.

고기능 외딴 별 사람인 K는 『로미오와 줄리엣』을 읽으면서 거의 미쳐버릴 뻔했다. 그녀는 책의 내용을 도통 이해할 수 없었기 때문이다. 『햄릿』을 읽을 때도 마찬가지로 극의 앞뒤 맥락을 전혀 이해하지 못했다. 그것은 그녀가 주인공들이 겪는 감정에 공감하지 못해 주인공을 동정하지 못했고, 복잡한 희곡 창작의 동기와 목적도 이해하지 못했기 때문이다. 그녀는 '단순하고 일반적인' 감정은 충분히 이해할 수 있었으나 복잡하게 얽힌 감정들에 시달려야 했다.

한번은 그녀가 지구별 사람들과 차를 타고 국립공원에 놀러 간 적이 있었다. 사람들은 급커브가 많아서 위험하지만 스릴이 넘치는 길을 선택해 차를 몰았다. 가는 내내 도로 옆으로는 깎아지른 듯한 절벽이 이어졌고, 도로 아래로는 거친 물살의 강물이 흐르는 협곡이 있었으며, 때때로 푸르른 식물들과 이끼와 고사리들도 보였다. 사람들은 모퉁이를 돌 때마다 나오는 경치에 환호성을 질렀는데, 유일하게 K만 아무런 표정 없이 앉아있었다.

그녀는 "경치는 아름다워. 하지만 특별한 느낌은 없어. 너희들이 말하는 즐거움을 전혀 느낄 수 없어."라는 말만 되풀이했다. 어떤 사람이 예전에 K에게 이렇게 물은 적이 있었다.

"누군가를 사랑한 적이 있니?"

"난 여태까지 사랑에 빠진 적이 없어. 사랑에 빠지는 것이 어떤 느낌인지 잘 몰라."

"그렇다면 그게 어떤 느낌일지 상상해 봤어?"

"일종의 따뜻한 느낌인가? 나도 잘 모르겠어."

"사랑을 느끼지 못해서 괴롭니?"

"그래. 살면서 항상 그게 가장 유감스러워."

그들에게는 '52를 10제곱 하라'는 명령보다 '내 마음을 알아 달라'고 말하는 요구가 수천 배 더 어려울 것이다.

우리 모두는 타인에게
늘 '외계인'이다

자폐 스펙트럼 장애와 아스퍼거 증후군asperger disorder은 다음과
같이 구별된다.

'자폐 스펙트럼'은 사회적 단절, 정신지체, 언어결함과 정해진
대로 행동하는 특징을 모두 가지고 있는 반면에, '아스퍼거 증후
군'은 사회적으로 단절되고 정해진 대로 행동하지만 정신지체나
언어장애는 존재하지 않는다.

그렇다면 자폐 스펙트럼은 어떻게 생겨난 것일까? 심리적 발
병 원인을 살펴보면, 처음에는 자폐가 부모의 양육방식에서 비
롯된 것이라고 생각했다. 특히 완벽주의자이자 냉정한 부모들
밑에서 자란 아이가 자폐를 앓기 쉽다고 생각했다. 이 때문에 그

런 부모를 지칭하는 '냉장고 엄마refrigerator mother'라는 단어도 따로 생겨났다. 하지만 자폐 아동의 부모가 일반적인 아이의 부모와 별다른 차이점이 없다는 사실이 밝혀졌다.

앞서 자폐 스펙트럼 환자는 1인칭 대명사(나)를 대신하여 3인칭 대명사(그, 그녀)를 사용한다고 언급한 사실을 기억할 것이다. 만약 자폐 스펙트럼을 가진 아이에게 "넌 뭐 먹고 싶니?"라고 물어보면 "그는 아무거나 마시고 싶어요."라고 대답한다. 이런 행동들 때문에 일부 사람들은 자폐 증상이 어쩌면 '자아의식'의 결함과 관련이 있을 것이라고 의심하기도 했다. 하지만 생각해 보자. 만약 자아의 존재를 의식하지 못한다면 어떠한 상황에서든 '나'도 존재하지 않겠지만, 마찬가지로 '그들'도 존재하지 않을 것이다.

결론적으로 말하면 한 가지 원인으로 생기는 심리적 질병은 없으며, 자폐 스펙트럼도 예외는 아니라는 사실이다. 그것은 분명 유전자와 신경계통의 결함, 염색체 변이 및 분만 시의 합병증 등 다양한 원인과 관련이 있다.

내가 자폐 스펙트럼 환자를 '외딴 별 사람'이라고 일컫는 이유는 그들이 많은 부분에서 지구별 사람과 다르기 때문이다. 그러나 자기만이 정상이라고 생각하는 지구별 사람들도, 자폐증 환자의 눈에는 별난 '외계인'이 아닐까? 그들의 기준으로 보면 우리의 말과 행동이 완전히 다르니까 말이다. 어느 정도 의식 있는 싱인 자폐 스펙트럼 환사의 부모들은 늘 사폐에 대해 분노를 드러낸다.

"왜 대자연은, 그리고 하느님은 자폐나 조울증, 조현병과 같은 끔찍한 고통을 만들어냈을까?"

그러나 이런 상황을 일으키는 원인이 완전히 제거된다면, 사람들은 어쩌면 나름의 큰 대가를 치러야 할지도 모른다. 그들에게는 우리에게 없는 것, 즉 천재라고 불러도 좋을 만큼 뛰어난 창의력이 있기 때문이다. 만약 과학으로 그런 특별한 유전자를 사라지게 만든다면, 이 세상은 아마도 '지극히 평범한 지구별 사람들'이 장악해 늘 예측 가능하고, 지루하고도 뻔하며 남들을 다 이해한다고 뻐기는 세상이 될지도 모를 일이다.

존재하는 것은 모두 무시되어서는 안 되고, 다르다는 것도 마땅히 이해되어야 한다. 결함, 불편함, 질병이 가진 무게는 삶이 쉽게 감당할 수 있는 것이 아니다. 하지만 그것 덕분에 인류는 새로운 발전과 진화를 겪고, 전혀 다른 세상이 만들어지고 있으며, 영원히 예측 불가능한 창조력을 가지게 되는 것이다.

2012년 5월 말, 캐나다의 몬트리올시에서 끔찍한 살인사건이 발생했다. 용의자인 루카 로카 마그노타^{Loka Rocco Magnotta}(이하 L이라고 부르겠다.)는 중국 국적의 유학생 린쥔^{林俊}을 살해하고 시체를 훼손했으며, 그 일부를 포장해서 캐나다 수도 오타와에 있는 양대 정당 당사에 보냈다. 5월 26일, 소식에 따르면 용의자는 피해자가 살해당하는 장면이 담긴 동영상을 인터넷에 뿌렸는데, 그 영상에는 살인범의 살해 장면과 인육의 일부를 먹는 과정 등도 담겨있었다.

당시 이 뉴스가 보도되자, 평범한 일상을 살아가던 사람들은 큰 충격을 받았다. 공교롭게도 그 무렵 나의 첫 번째 책인 『자극적인 심리학』이 출간되어 덩달아 큰 관심을 받았고, 만나는 친구들마다 이 사건에 대해 어떻게 생각하느냐고 물었다.

나는 세 가지 관점에서 생각해 보았다.

첫 번째, 무엇이 그를 변하게 했는가?

두 번째, 그는 왜 그런 짓을 했는가?

세 번째, 이런 사건에 대해 어떻게 심리 분석을 진행하는가?

이 진행 과정을 배우고 나면 자신이 흥미를 느끼는 사건에 대해서도 스스로 분석할 수 있을 것이다.

식인마들에게는
기이한 가족이 있다

  나는 대부분의 '구경꾼들'과 마찬가지로 '몬트리올시 살인사건'에 대해서 인터넷에 나와 있는 정보만 알고 있었다. 다행히 한 가지 분명한 것은 식인마의 심리를 이해하려면 다른 식인마에게 가서 물어보면 된다는 사실이다. 그래서 나는 세계 10대 연쇄살인범 중의 하나이며, 시체 훼손, 시체싱애necrophilia(네크로필리아), 식인마의 대표 인물인 제프리 다머Jeffery Dahmer(이하 J라고 부르겠다.)의 파일을 들춰보았다.

  두 사건은 모두 사람들을 경악하게 했다는 공통점이 있기 때문에 J의 '역사'를 참고해 루카 로카 마그노타(L)의 사건을 들여다보기로 했다.

J는 13년간 모두 17명의 젊은 남성들을 무참히 살해했다. 그는 자신의 기이한 성벽性癖을 만족시키기 위해 피해자의 시신을 토막 내어 보관했고, 최종적으로는 인육을 먹기도 했다. 그러나 J와 L을 접촉한 사람들은 그들을 이렇게 회상했다.

"J가 저지른 범죄는 너무 끔찍해서 정말 단단히 미친놈이거나 도저히 용서가 안 되는 악질일 거라고 생각하는 사람들이 많다. 하지만 그와 이야기를 나눠보면 그가 영리하고 센스 있으며 농담도 잘하는 사람이라고 생각하게 된다. 그는 평소에 그런 모습으로 많은 사람을 속여 왔다. 나조차도 그가 살인광이라는 것은 도저히 상상할 수 없었다."

"L은 마치 여자애 같았어요. 말도 많고 조금은 쌀쌀맞기도 했지만 종종 잘 웃었어요."

무고한 사람처럼 보이는 이 두 사람은 어떻게 소름 끼치는 살인마가 되었을까? 그들의 과거에서부터 답을 찾아보는 것이 좋겠다.

J는 전형적인 백인 중산층의 집안에서 태어나 큰 어려움 없이 자랐으며 교육도 제대로 받았다. J가 어린 시절에 학대나 상해를 받았다는 증거는 없지만, 그의 어머니는 우울증을 앓았다. 그녀는 늘 잠에 취해 있었고, 집안일은 거의 하지 않았다. 한편, J의

아버지는 화학 박사로 무척 똑똑했다. 하지만 너무 바빠서 대부분의 시간을 밖에서 일하는 데 보냈다.

부모의 불화로 어린 J는 늘 외로웠고 소외당하는 기분을 느꼈다. 그래서 그는 외로움을 달래려고 동물에게 관심을 돌리기 시작했다. 그런데 J가 동물을 대하는 방식은 여느 아이들과는 완전히 달랐다. 7, 8살 무렵의 어느 날 그는 죽어서 썩은 다람쥐 사체를 발견하고는 거기에 붙어 있는 뼈에서 살을 발라냈다. 이뿐만 아니라 그는 자동차에 치여 죽은 너구리나 개를 발견하면, 곧장 시체의 배를 칼로 가르고 안을 살펴보곤 했다. 이후로도 그는 인근 마을을 빈둥대며 돌아다니면서 죽은 동물의 사체를 찾아다녔고 보관하고 있는 시체도 점점 늘어났다.

사체에 대한 J의 환상과 욕망은 어른이 되어서도 계속되었고, 그 대상은 차츰 동물에서 사람으로 옮겨졌다.

L의 어린 시절을 알고 있는 사람은 거의 없다. 캐나다 경찰은 일찍이 그의 어머니와 여동생을 찾아가 여러 정황을 파악하려 했지만, 그녀들은 한사코 L에 대해 말하기를 거부했다. 한 언론에서는 그의 어린 시절을 '차마 돌이키기 싫은 경험'이라고 표현한 적이 있는데, 구체적으로 어떤 학대를 받았는지는 알 길이 없다.

분석1 : 어린 시절의 끔찍한 경험

만약 나의 첫 번째 책을 보았거나 변태 심리학 방면의 전문 서적을 읽은 적이 있다면, 하나의 공통된 현상을 발견했을 것이다. 예컨대 소아성애, 조현병, 물질중독 등과 같은 수많은 심리적 질병을 일으키는 원인은 대부분 환자가 어린 시절에 겪었던 '유린' 혹은 심한 폭행, 성범죄, 어른들의 좋지 않은 행동 등과 관련이 있다는 사실이다. 또한 사망, 이혼 혹은 유기 등의 가정 환경의 변화도 이미 공인된 범죄 형성의 주요 원인으로 들 수 있다.

좀 더 많은 증거를 제시하기 위해 또 하나의 예를 들겠다. 바로 '그린강의 킬러Green River Killer' 게리 리언 리지웨이의 어린 시절 이야기다.

게리 리언 리지웨이Gary Leon Ridgway(이하 G라고 부르겠다.)는 20여 년 전에 50명의 부녀자들(대부분 매춘부)을 살해하고 그 시체를 미국 시애틀 남부에 있는 그린강에 버려서 '그린강의 킬러'라는 별명을 얻었다. 그도 무고한 생명들을 죽인, 미국 역사상 손에 꼽힐 만한 연쇄살인범 중의 한 명이다.

G의 어머니는 백화점 일용직 사원이었는데 항상 짙은 화장에 야한 옷을 입고 다녔다. 그의 아버지는 작은 지방 도시의 운전기사였다. 그는 어린 시절부터 청소년 시절 내내 밤마다 이불에 실

수를 했다. 그가 실수를 할 때마다 어머니는 매번 그를 욕조로 데리고 가서 발가벗기고 몸을 씻겼다. 때때로 그의 어머니는 옷도 제대로 걸치지 않고 아이를 씻길 때가 많았다. 그는 그런 어머니의 모습을 보고 흥분하기도 했다. 그 시기의 남자아이에게 그것은 결코 기분 좋은 일이 아니었다.

청소년 시절에 대부분의 남자아이들은 성적 충동을 느끼기 시작하면서 한 차례의 '위험한' 시기를 지난다. 만약 그 시기에 어머니의 행동이 지나치게 야하거나 자극적이면, 이를 보고 자란 남자아이는 올바른 성 가치관을 세우지 못한 상태로 불안감을 느끼며, 자신의 어머니를 성적 대상으로 왜곡하여 볼 수도 있다. 그런 환경은 아이의 인격 성장에 상당한 악영향을 끼치고 불안정한 인격을 형성하게 만들 수 있다.

한편, 그의 아버지는 아들을 데리고 다니며 일을 하곤 했는데, 그럴 때마다 아들에게 이런 말을 건넸다. "너 저 여자 봤니? 저 여자는 매춘부야. 이 사회의 쓰레기지!" 그는 매춘부를 더럽고 추악한 존재라고 질타하면서도, 종종 아들인 G를 혼자 차에 남겨두고 자신은 매춘부와 즐기러 갈 만큼 형편없는 인물이었다. 이처럼 그의 부모는 아이에게 좋지 않은 영향을 끼쳤고, 성적인 면이나 인간관계 면에서 혼란만 심어주었다.

J와 L은 어린시절, 한 사람은 냉대와 무시를 당했고 또 한 사람은 '차마 돌이키기 싫은 경험'을 했다. 이것은 변태적인 범죄를 저지르는 사람들이 어린 시절 겪은 경험의 특징과 딱 맞아떨어진다. 연구 결과를 보면 이 외에도 변태 연쇄 살인범들에게는 어린 시절 동물 학대 경험이나 파괴성 방화를 저지른 사람들이 많았다.

흥미로운 독자라면 더 많은 변태 연쇄 살인범의 범죄 사례를 수집해도 좋을 것이다. 그들의 어린 시절을 살펴보면 틀림없이 이와 비슷한 상황과 공통점을 발견할 테니 말이다.

청소년 시절

J는 13~14살 무렵 성에 눈을 뜨기 시작할 때 우연히 이웃집 남자아이와 키스를 했다. 그때부터 그는 자신이 남자에게 더 끌린다는 사실을 깨닫고 동성애적 성향이 싹트기 시작했다. 당시 그는 암울한 시절을 보내고 있었다. 그는 놀림이나 학대를 당하기에 둘도 없이 좋은 대상이었고 늘 남에게 심하게 얻어맞았다. 그런 J는 고등학교에 들어가면서부터 갑자기 괴상해지기 시작했다. 그는 항상 어떤 방법으로든 남들의 관심을 과하게 받고 싶어 했다. 그래서 누가 그에게 돈만 쥐여 주면 인파가 많은 백화점 같은 사람이 많은 곳에서 황당무계하고 기괴한 행동을 하며

사람들의 시선을 끌기도 했다. 동시에 그는 술을 마시면 자신의 고통, 섹스에 대한 유혹, 범죄에 대한 환상이 줄어든다는 사실도 깨달았다.

한 친구는 그 시절 J가 동물에게 자행했던 끔찍한 실험을 기억하고 있었다. J는 낚시로 잡은 물고기를 가차 없이 칼로 헤집으며 분해했다. 그 모습을 본 친구가 물었다.

"너 이게 무슨 짓이니?" 그러자 J는 "난 그저 갈가리 찢긴 물고기의 모습이 궁금했을 뿐이야."라고 말했다.

그렇게 10대 소년은 죽은 동물에 대한 관심을 차츰 죽거나 졸도한 남자와 사랑에 빠지는 성적 환상으로 서서히 확장시켜 나갔다. J는 어느 날 신문에서 한 젊은 남자가 오토바이 사고로 목숨을 잃었다는 기사를 접했다. J는 신문에 실린 사망자의 사진을 보고 그에게 반했고, 오로지 그 남자 시신의 '아름다운 용모'를 보기 위해 장례식에까지 참석했다. 시신을 보는 순간 그는 성적 충동을 느꼈다.

이후 J의 부모가 이혼한 뒤 어머니는 조현병으로 정신병원에 입원하고 아버지가 집을 나가자, 그는 혼자 집에 덩그러니 남아 온종일 온갖 환상들을 친구삼아 지냈다. 그때부터 그는 세상과 완전히 단절한 채 고립되었다.

L의 소년 시절에 관해서는 뚜렷하게 드러난 게 없지만 예전에

그를 알고 지냈던 친구들은 이렇게 증언했다.

"L의 인생은 자기 뜻대로 되는 게 하나도 없었어요. 16살이 되던 해에 부모가 그의 양성애 성향을 반대하자 그 친구는 집을 뛰쳐나갔는데, 후에 남자 매춘부에게 강간을 당했다고 했습니다."

"L은 동물 학대에 탐닉했고, 인터넷에 고양이 학대 동영상을 올리기도 했어요."

분석2 : 프로이트의 성욕 단계 관점

프로이트는 일찍이 '인격 발전의 심리 성욕 단계'라는 관점을 언급한 적이 있다. 그의 리비도Libido(사람이 내재적으로 갖고 있는 성욕. 또는 성적 충동 -옮긴이)에 근거하면 인격의 발전 시기에 따라 사람들이 집착하는 부위도 달라진다. 그는 이것을 구순기, 항문기, 남근기, 잠복기, 사춘기 단계로 나누었다.

만약 각각의 시기에 맞게 심리 에너지가 자연스럽게 발산되면 대체로 순탄한 삶을 살아가게 된다. 하지만 어떤 한 시기라도 적절하게 해소되지 못했다면, 표면적으로 보이는 생리적 성장은 계속될지라도 심리적인 발전은 거기에 멈춰서 앞으로 나가지 못한다.

대우(우왕을 높여 이르는 말 -옮긴이)는 "치수治水란 물을 잘 흐르게 하는 것이지 물을 틀어막는 것이 능사가 아니다."라고 말했다. 일단 심리 에너지가 막혀서 잘 통하지 못하고 쌓이면, 후에 반드시 아주 강력하고 뒤틀린 에너지가 예상치 못한 방식으로 솟구쳐 나온다.

"젊어서는 근심이 어떤 것인지 모른다.少年不識愁滋味"라고 말하지만, "젊어서 근심이 어떤 것인지 겪지 않는다.少年不遭愁滋味"는 것은 결코 아니다. 어쩌면 젊어서 겪은 근심이 쌓이고 쌓여서 분출하지 못하면 나중에 고통 속에 허우적거리게 될지도 모른다.

J와 L의 청소년 시절을 되돌아보면 두 가지의 공통점이 있다. 바로 성적 취향과 동물 학대이다. J와 L은 사춘기 시절에 더없이 곤혹스러운 일을 겪으면서 성적 취향에 문제가 발생했다. 사실 성적 취향에 문제가 생긴 것보다 더 큰 문제는 그들의 남다른 취향이 주변 사람들의 인정을 받지 못한 데 있었다. 그로 인해 두 사람은 괴로웠지만, 어디다 터놓고 말할 수도 없었고 이를 해소할 방법도 없었다. 결국 소년의 몸속에 갇힌 성적 에너지가 정상적으로 발산되지 못하고 막혀서, 훗날 폭발될 분노를 마음속에 키워나간 셈이다.

사람들은 동물에게 깊은 애정과 관심을 표현할 때, 그들의 몸을 다소 과격하게 어루만지고 꼬집기도 한다. 그러면 동물들도 애교를 부리면서 기분 좋은 울음소리를 내거나 약간은 귀찮은 듯 아픈 표정을 짓는데, 이런 접촉을 통해서 만족감을 느끼는 동시에 자신의 심리 에너지도 발산한다. 그런데 J와 L은 자신의 성적 에너지를 발산할 방법을 찾지 못하고 심리적 만족감을 얻지 못하자, 그것을 동물과 접촉하는 것으로 해결하려 했다. 그런데 억압받은 그들의 성적 에너지는 이미 왜곡될 대로 왜곡되고 지나치게 비대해졌기 때문에, 단순히 애완동물을 귀여워하는 방식으로는 만족감을 얻을 수 없었다. 결국 그들은 동물 학대라는 끔찍한 방식을 선택했다. 즉, 동물이 고통스러워 울부짖고 피를 흘리는 모습을 보아야 비로소 만족감을 얻는 것이다. J와 L의 억압된 성적 충동과 죽은 동물의 사지를 절단하는 행위는 어느 순간 사람에게도 그대로 적용되었다.

일찍이 J는 주위 사람들에게 자신이 갖고 있는 환상에 대해 말한 적이 있었다.

"히치하이킹을 하는 어떤 남자를 차에 태워준다. 그 남자는 잘록한 허리와 넓은 어깨, 그리고 딱 벌어진 가슴에 털이 별로 없는 전형적인 미남 스타일로, 함께 차를 타고 가면서 온갖 성적인 모험을 하게 된다."라는 환상이었다.

결국 그는 18살에 이러한 환상을 현실화했다. 그의 눈앞에 스티븐 힉스Steven Hicks(이하 S라고 부르겠다.)라는 16살 소년이 나타 난 것이다. S는 자유를 갈망하는 젊은이로, 히치하이킹으로 여 름 페스티벌에 가려던 중이었다. S는 우연히 J의 차를 얻어 탔지 만, 그는 페스티벌이 아닌 자신의 집으로 S를 데리고 갔다. 두 사 람은 함께 술을 마셨고 약간의 마약도 흡입했다. 그러다가 S가 떠나려고 하자 J가 그를 막기 시작했다. 그는 너무 외로웠고 마 약 때문에 흥분한 상태여서 무슨 일이 있어도 S가 자기 곁에 남 기를 바랐다.

훗날 J는 이 사건에 대해 털어놓으면서 S를 붙잡는 과정에서 예상치 못했던 시비가 붙었고 결국 맞붙어 싸우게 되었다고 한 다. 그 와중에 그는 손에 들고 있던 아령으로 S의 머리를 내리쳤 는데, 그것은 단지 S와 함께 있길 바란 것일 뿐 죽일 생각은 전 혀 없었다고 했다.

일이 벌어지고 난 후 J는 S의 시체를 숲속 여기저기에 버렸다. 그 후 그는 신문에 S의 실종 기사가 실리는지를 주의 깊게 살펴 보았다. 하지만 몇 주가 지나도록 그런 기사는 단 한 줄도 실리 지 않았다. 그러자 그는 '괜찮잖아?', '내가 사람을 죽였는데 아 무도 모르네.', '난 동성애자인데 아무도 모른다.'라는 생각이 들 었다. 그때부터 그의 비밀스러운 행동은 삶의 일부분이 되었고 끊임없이 그를 고통스럽게 했다.

이것은 J가 처음으로 살인을 저지를 때의 상황이다. 그가 도축용 칼을 들고 다음번 살인을 저지른 것은 그로부터 9년 뒤의 일이며, 본격적으로 살인을 시작한 뒤로는 스스로 멈출 방법이 없었다고 한다. 대학에 들어간 후부터 그는 무절제하게 술을 마시기 시작했다. 그는 남들처럼 평범한 삶을 살려고 노력했지만 번번이 실패했다. J는 결국 술 때문에 학교에서 쫓겨났으며 군에 입대했다가 또 쫓겨났다. 그는 일도 하지 않았고 가진 기술도 특별히 없었다. J는 살인 충동을 억제하기 위해서 그의 할머니가 계신 곳에서 함께 지내며 종교에서 위안을 찾으려고 했다. 당시 그는 매주 일요일마다 할머니와 함께 교회에 갔으며 '성경'도 읽으려고 노력했다. 또한 동성애와 관련된 것은 아무것도 하지 않았고, 자신을 동성애의 울타리에서 멀리 떨어뜨려 놓으려고 필사적으로 노력했다. 그의 이런 노력들은 어느 정도 효과가 있었다. '하느님은 나의 구세주'라는 말처럼 그는 정말로 자신의 욕망을 잠시나마 억제할 수 있었다.

하지만 그것은 단지 폭풍전야에 지나지 않았고, 우연한 사건을 계기로 그의 평화는 무참히 파괴되고 말았다. 하루는 그가 도서관에서 책을 읽고 있었는데 한 젊은 남자가 다가와 잔뜩 구겨진 종이를 그의 얼굴에 던지고 가버렸다. 쪽지에는 이렇게 적혀 있었다.

"나와 놀고 싶다면 남자 화장실로 와."

J는 여태까지 열심히 불었던 풍선이 바늘에 찔려 터져버린 것처럼, 자신의 속내를 들켰다는 절망감과 우울함이 순식간에 몰려왔다.

당시 J는 그 사람에게 어떠한 반응도 보이지 않았지만, 그 쪽지는 판도라의 상자를 여는 열쇠처럼 그를 다시 죄악 속으로 빠지게 했다. 처음에 그는 그 지방의 동성애 무리와 어울리기 시작했다. 그는 동성애 파트너를 데리고 작은 방에 들어가 함께 마약을 했다. 애인은 무척 이기적인 사람으로 '순정적인' 사랑보다 '공격적인' 사랑을 원했다. 이런 관계는 그에게 성행위란 독촉이자 독재를 의미했다. 그리고 그가 젊은 동성애자에게 약을 먹인다는 소문은 삽시간에 퍼졌고 그는 그 모임에서 쫓겨나고 말았다.

그 후로 그는 장소를 바꾸어 술집에서 '사냥감'을 직접 사냥했다. J와 그의 두 번째 피해자는 술집에서 처음 만났다. 그날도 J는 그에게 약을 탄 술을 먹여 정신을 잃게 만들었다. 다음날 아침에 눈을 떴을 때 J는 밤새 함께 있던 사람이 싸늘하게 죽어있다는 사실을 발견했다. 얼굴과 가슴에는 구타의 흔적들이 있었다. J는 곧 자신이 그를 죽였음을 깨달았지만, 도대체 무슨 일이 있었는지는 기억하지 못했다. 그는 전날 밤에 너무 취해있었기 때문이었다.

그 일은 5년간 계속될 살육의 시작이었다.

J는 당시의 상황을 이렇게 회상했디.

"내가 정말 좋아하는 것은 죽은 사람이다. 왜냐하면 그들과는 어색한 이야기를 나눌 필요도 없고, 그들에게 거절당할 일도 없기 때문이다. 그들은 언제든 내 마음대로 조종할 수 있었다."

마음을 갉아먹는
암 덩어리

영화 「양들의 침묵The Silence Of The Lambs」에서 앤서니 홉킨스는 전형적인 반사회적 인격 장애자의 역할을 훌륭하게 소화해냈다. 그렇다면 '현대판' 「양들의 침묵」의 주인공인 J와 L은 어떨까? 이들 역시 현실에 적응 못 하는 반사회적 인격 장애인일까? 그렇다. 이들은 전형적인 반사회적 인격 장애를 가진 인물들이다.

우울증과 강박증을 마음의 '감기'라고 한다면, 인격 장애는 마음의 '암'이다. 신체의 암과 마찬가지로 '인격 장애'라는 마음의 암도 길고 긴 잠복기와 변화기가 있으며, 절대로 하루 이틀 사이에 갑자기 발병하지 않는다. 게다가 이런 마음의 암은 한 번 발병하면 신체의 암처럼 치료가 어려워 사람을 절망하게 만든다.

반사회적 인격 장애자들은 J와 L처럼 이미 어렸을 때부터 잔인하게 동물을 학대하거나 공공기물을 파손하고 거짓말을 하거나 규칙을 위반하는 등 여러 가지 문제 행동을 보이곤 한다. 그런데 이런 행동들은 대개 주변 사람들에 의해 발견되고, 경찰이나 후견인의 주의를 받으면서 제때 고쳐진다. 그런데 만약 그렇지 못한 경우에는 이러한 아동기의 문제 행동은 일정한 패턴을 형성하게 되고, 성년이 된 후에 반사회적 인격 장애로 발전할 가능성이 크다.

이러한 '새끼 곰'의 체력과 인지능력이 발전하고 성적으로도 성숙하게 되면 상황은 종종 악화되는데, 거짓말, 싸움, 절도 등의 비교적 작은 문제들이 침입 절도, 고의적 파괴, 강간 등 심각한 문제로 변화되어 발전한다. 어떤 아이는 극도로 위험하고 잔인한 성격이 순식간에 습관처럼 굳어진다. 그래서 간혹 14살도 안 된 아이가 친구를 잔인하게 살해하고도 전혀 후회하지 않는다는 뉴스 기사를 접하기도 하는 것이다.

그렇다면 J가 보여준 반사회적 인격 장애의 전형적인 행동 몇 가지를 구체적으로 살펴보자.

타인에 대한 배려가 부족하다

반사회적 인격 장애자는 법을 무시한다. 그래서 타인에게 폐를 끼치거나 싸우며 공공기물을 파손하고 절도 등의 위법행위를 일삼는다. 그들이 타인과 상호작용을 하는 태도는 한마디로 '냉혈적'이라고 할 수 있다. 반사회적 인격 장애자들은 보상(예를 들어 돈, 권력, 사회적 자원 등)을 받거나 즐거움을 얻기 위해 타인을 조종하고 기만한다.

이 부분에 있어서는 J의 '공포 쇼'보다 더 확실한 설명은 없을 것이다. 그는 끊임없이 새로운 피해자를 찾아 그들을 지배하려 했으며, 앞서 말한 대로 '동성애 파트너를 데리고 작은 방에 들어가 함께 약을 한 뒤' 자신이 원하는 성을 얻었다.

충동적이다

이 또한 반사회적 인격의 보편적인 특징이다. 이들은 대부분 무계획적이고 결과도 고려하지 않는다. 가령 어떤 반사회적 인격 장애자는 주유소에 들렀다가 종업원을 상대로 우발적인 강도 행각을 벌였는데, 어떻게 도망치겠다는 생각조차 하지 않았다. J도 첫 번째 피해자인 S를 죽일 때 사전에 아무런 계획을 세우지 않았다.

그들은 일상생활에서도 무엇이든 깊이 고려하지 않고 결정하며 결과를 따지지 않는다. 예를 들어 어느 반사회적 인격 장애자는 가족에게 이렇다 할 설명도 없이 며칠간 집을 나가 돌아오지 않았다. 이 같은 행동 특징은 그들의 인간관계를 위태롭게 하고 업무에 지장을 초래한다. 이 때문에 그들은 직장을 자주 옮기고 애인도 수시로 바뀌며 이사도 잦다.

말솜씨가 뛰어나고 매력적이다

반사회적 인격 장애자 중 일부는 사교술이 뛰어나고 자신감도 넘친다. 그들은 사람들을 처음 만났을 때 대체적으로 좋은 첫인상을 남겨 새로운 '친구'를 자신의 뜻대로 수월하게 움직이게 만든다. 많은 사람이 반사회적 인격 장애인의 매력에 넘어가며, 심지어 경찰이나 정신과 의사 같은 전문가들도 잘 속아 넘어간다. 그만큼 그들은 뛰어난 사기꾼 기질을 지니고 있다. 생각해 보라. 만약 J가 못생기고 예의 없고 매력이 넘치지 않았다면 피해자를 꾀어서 마음대로 조리할 수 있었겠는가.

사회에 무관심하다

그들은 자신의 행위를 조금도 후회하지 않고, 피해자가 그런 벌을 받아 마땅하다며 항상 자신의 죄를 남에게 떠넘긴다. 한마디로 모든 책임은 피해자에게 있으며, '자신이 뿌린 씨앗을 자기가 거둔다'고 생각한다. 그들은 복수심과 공격성이 강해서 일반적인 사람에 비해 살인이나 우발사고 등을 폭력적인 방법으로 쉽게 저지른다. 재판정에서 J가 한 말은 이 점을 잘 설명해 준다.

법관: 당신은 양심의 가책을 조금도 느끼지 않습니까?

J: 그렇습니다. 조금이라도 부끄러웠다면 나는 그런 일을 하지 않았을 겁니다.

반사회적 인격 장애자의 특성을 좀 더 살펴보면 다음과 같다.

반사회적 인격 장애의 특징	반사회적 인격의 전형적인 생각
타인에 대한 배려가 부족하다. 충동적이다. 성격이 급하고 공격적이다. 경솔하고 책임감이 부족하다. 말솜씨가 뛰어나고 매력적이다. 사회에 무관심하다. 후회하지 않는다. 타인의 고통 따윈 관심 없다.	"기억해, 스스로 알아서 조심하자." "혼란스러운 세상에서는 오직 강자만이 살아남는 거야." "목적을 위해서라면, 나는 어떠한 대가도 아깝지 않다." "다른 사람이 날 어떻게 보든 상관하지 않아." "삶은 나에게 너무 잔인했어. 이제 나는 내 기회를 잡아야겠어." "내가 꼭 신용을 지킬 필요가 있을까. 그 사람들은 그래도 싸."

반사회적 인격 장애를 가진 사람들은 J나 L이 저지른 범죄를 야기한다. 그렇다면 그들이 앓고 있는 반사회적 범죄를 야기하는 것은 무엇일까? 여기에는 생물적 요인과 심리적 요인이라는 두 관점에서 살펴볼 수 있다.

생물적 요인 : 타인보다 둔감한 심리적 브레이크

우선 생물적 요인을 살펴보자. 연구에 따르면, 인간의 대뇌 속에는 행동 억제 체계 behavioral inhibition system, BIS가 있는데, 이것이 '심리적 브레이크' 역할을 한다. 그래서 처벌이나 위험 신호가 나타나면, 이러한 체계가 사람의 행동을 억제하여 처벌을 피하게 해 준다.

우리는 누구든 이러한 '심리적 브레이크'를 가지고 있다. 그러나 문제는 사람마다 브레이크 반응의 민감한 정도가 다르다는 것이다. 어떤 사람들은 브레이크의 반응이 예민해서 가벼운 처벌 신호에도 곧바로 행동을 멈춘다. 예컨대 잔디밭을 밟을 것 같으면 곧바로 방향을 바꿔 돌아가는 것이다. 그러나 어떤 사람들의 심리적 브레이크는 반응이 너무 둔해서, 반사회적 인격 장애자처럼 엄청난 처벌이 기다려도 전혀 두려워하지 않고 여전히 어깨를 으쓱거리며 자기 방식대로 밀고 나간다.

심리적 요인 : 피해자가 가해자가 되는 과정

우선 반사회적 인격 장애의 심리적 요인을 이야기하기 전에, '탈민脫敏'에 대해 소개하려고 한다. 탈민이란 과민반응에서 벗어나는 것으로, 감정의 기복을 일으킬 수 있는 사람이나 일에서 벗어나 무감각해지는 것을 말한다. 그러기 위해선 일단 끊임없이 자극에 노출되어야 한다.

탈민이라는 말에 이어 앨버트 반두라Albert Bandura라는 사람을 소개하겠다. 앨버트 반두라는 미국의 유명한 심리학자로 사회학습이론을 제시하여 심리학에 기여한 바가 크다. 여기서는 그의 사회학습이론인 '상호결정론'을 부분적으로나마 거론할 필요가 있다.

'인지-행동' 요법을 먼저 살펴보자. 이는 인지주의와 행동주의 유파의 관점이 융합된 산물이다. 원래 이 두 유파는 각자의 영역이 분명해서 섞이기 어려운데, 반두라의 관점은 바로 이 두 유파 사이에 다리를 놓았다. 그가 어떻게 '상호결정론'을 펼쳤는지 살펴보자.

'상호결정론'은 개인, 환경, 행동, 이 세 가지가 서로 영향을 주고받으며 작용한다는 이론이다.

만약 당신이 별로 좋아하지 않는 사람이 당신과 함께 테니스를 치고 싶다고 말한다면, 당신은 그의 요청을 거절하고 싶을 것이다. 그런데 만약 그가 함께 테니스를 치러 가면 당신이 오랫동안 갖고 싶었던 값비싼 테니스 라켓을 사주겠다고 제안한다면 어떨까? 환경의 강력한 유혹으로 당신의 결정은 순식간에 바뀐다.

"좋아, 우리 같이 테니스 치러 가요!"

계속해서 가정해 보자. 만약 정말로 당신이 그토록 원하던 테니스 라켓을 선물 받았다면, 당신은 그 사람과 자주 어울릴 것이다. 그러면서 자연스럽게 그와 농담을 주고받으며 재미있는 오후 한때를 보내게 되고, 또 어쩌면 다음번에 그와 또다시 테니스를 치고 싶어질지도 모른다. 이처럼 환경으로 인해 바뀐 행동이 자신의 기대를 변화시키고, 그 기대 때문에 이후의 행동이 바뀌는 일이 반복된다.

이 외에도, 반두라는 학습의 종류를 '참여 학습'과 '관찰 학습'으로 나누었다. '참여 학습'이란 직접 참여하고 체험하면서 학습하는 것을 가리키는데, 일하면서 배우는 경우가 이에 해당한다. '관찰 학습'은 다른 사람을 보고 관찰하면서 학습하는 것으로, 학습 과정에서 본인이 참여하는 행위는 없다.

인류 대부분의 학습은 '관찰 학습'이며, 통상적으로 생활 속에서 직접 보고 듣는 것, 만화 캐릭터나 동물 등 상징적 혹은 비인간적인 것, 텔레비전, 컴퓨터 등과 같은 전자 제품, 책이나 잡지 등의 인쇄물 등의 정보들을 관찰 혹은 경청함으로써 학습한다.

관찰 학습은 학습 속도는 빠르지만 다소 부정적인 영향을 끼칠 수 있는 '직접 경험'을 피할 수 있다. 예를 들어 화재나 지진 등의 사고와 자연재해의 위험성을 학습하기 위해서 우리가 그 끔찍한 과정을 직접 체험할 필요는 없다. 다른 사람의 경험담을 듣거나 책과 영화를 보면 된다.

이제부터는 반사회적 인격 장애인들의 심리적 요인을 살펴보자. 일부 연구에서는 이들이 아무것도 두려워하지 않는 '심리적 요인'이 행동 억제 체계의 탈민과 관찰 학습의 결과라고 생각한다. 다시 말해 어떤 사람이 어린 시절에 학대나 집단 따돌림과 같은 폭력이나 반사회적인 행위를 오랫동안 겪으면 그런 일들에 무감각해진다. 그러면서 학대와 폭력의 피해자였던 그들은 학대와 폭력이 권력을 장악하고 다른 사람을 통제하며 자신이 원하는 것을 얻을 수 있는 방법이자 지름길이라는 사실을 '관찰 학습'하게 된다.

일부 악질들은 어린 시절에 학대를 받았을 가능성이 있으며, 감각이 무뎌짐으로 인해 아무런 죄책감 없이 '학대받던 사람'에서 '학대를 하는 사람'으로 바뀐다. 이 때문에 반사회적 행위가 그들의 몸에 반복적으로 출현하는 것이다.

누구나 죄가 있으며, 서로 다른 죄를 저지를 뿐이다

이제 분석 1, 2, 3이 모두 끝났다. 처음에 제시한 세 가지 문제 중 '이런 사건에 대해 어떻게 심리 분석을 진행하는가?'는 어느 정도 해결되었다고 볼 수 있다.

그렇다면 이제 첫 번째 문제로 되돌아가자.

"무엇이 그를 변하게 했나?"

여태까지의 분석을 돌이켜보면 이미 아주 많은 답을 얻었을 것이다.

L은 어린 시절에 학대 혹은 무시를 당했을 것이다.
L은 성적 취향의 문제로 청소년 시절에 가족들의 배척과 주변 사람들의 강압적 대우를 받았다.
L은 성년이 된 후에도 뜻을 이루지 못했고 인간관계도 원만하지 못했다.
L은 시체성애증과 반사회적 인격 장애를 앓았다. 등등

여기까지 이야기하면 나를 포함한 수많은 사람이 이런 의문을 가질 것이다.

"이 세상에는 L이나 J처럼 불행한 처지에 있는 사람은 너무 많다. 심지어 그보다 더한 경우도 있다. 그런데 왜 그런 사람들은 반사회적 범죄를 저지르지 않는가?"

나는 이 문제에 관해 최후의 보충을 하고 싶다. 바로 '유전적 요인'이다. 우리가 정신병의 원인에 대해 알아볼 때 선천적인 유전 요소도 잊지 않고 관심을 가진다면, 범죄의 원인을 살펴볼 때도 마찬가지다.

누구나 알다시피 정상적인 남성은 XY 염색체, 여성은 XX 염색체를 가지고 있다. 그런데 일부 연구원들이 남성 범죄자들에 대해 연구하다가 그중 몇몇은 정상인과 달리 X염색체가 하나 더 있는 XXY 염색체를 가지고 있다는 사실을 발견했다. 이 부류의 남성은 대개 늘씬하고 유방조직이 상당히 발달했으며 몸에 털이 별로 없었다. 그리고 이들은 XY 염색체를 가진 일반 남성보다 동성애, 복장도착증, 소아성애일 가능성이 높았다.

반면에 Y염색체가 하나 더 있는 XYY 염색체를 가진 남성도 있었다. 연구 결과, 교도소에 있는 범죄자 중에는 XY 염색체보다 XYY 염색체를 가진 남성이 더 많았으며 주로 폭력성 범죄를 저지르고 수감된 경우가 많았다.

한편, J의 사례를 살펴보면서 다들 사소한 점 한 가지를 그냥 지나치지 않았을 것이라 생각한다. 그것은 바로 그의 어머니가 '우울증을 앓았다는 것'이다. 어머니의 우울증은 그의 성장 과정에 영향을 미쳤을 뿐만 아니라, 유전적인 작용도 어느 정도 있었을 것이라 짐작된다. 비록 L도 가족 중에 정신병 혹은 범죄를 저지를 만한 요인이 있었는지는 알 길이 없지만, 그 가능성도 완전히 배제할 수는 없다.

> "이 세상에 우연한 일은 없으며, 단지 우연을 가장한 일만 있을 뿐이다."

여태까지 추론해낸 하나하나의 범죄 요인들은 마치 '죄악의 퍼즐'을 이루는 부속품과 같아서 어느 한 조각이라도 없거나 정확한 위치에 끼워 맞추지 못하면 퍼즐이 완성될 수 없다. 만약 퍼즐이 완성되었다면, 그것은 죄악이 이뤄지는 과정에 수많은 사람이 아무 일도 하지 않았거나 혹은 잘못된 일을 했음을 설명한다.

다음은 미국 FBI가 밝힌 10대 살인광의 행동 특징이다.

1. 대부분 독신이다.

2. 절대 다수의 범죄자가 보통 사람보다 아이큐가 높다.

3. 안정적으로 직업을 유지하지 못했다.

4. 결손 가정이나 불건전한 가정에서 자랐다.

5. 유전적으로 정신질환, 폭력적 성향, 마약, 알코올 중독의 문제를 가지고 있다.

6. 학대를 받으며 성장했다.

7. 권위적인 인물, 특히 권위적인 남성에 대해 일종의 정신적인 거부감이 있다.

8. 어린 시절부터 정신적으로 여러 가지 문제를 보였고, 일부는 아주 명확한 폭력적 성향이나 범죄 성향을 보였다.

9. 반사회적, 반인류적, 반세계적 이념을 가지고 살아간다.

10. 폭력적 행위 혹은 변태성 환상에 빠지는데, 그중에서도 특히 페티시즘이나 관음증 등이 많다.

자, 이제 두 번째 문제를 살펴보자.

"그는 왜 그런 짓을 저질렀나?"

한 가지 의심할 필요가 없는 점은, J와 L은 범죄를 저지르면서 심리적 만족을 얻은 것이 아니라 마음의 고통을 덜었다는 것이다. 더 많은 경우에는 두 가지를 동시에 얻었을 수 있다. 어쩌면 단지 만족을 얻거나 고통에서 벗어나려는 노력과 시도에 불과했을 수도 있다. 아무튼 이 모든 것은 첫 번째 문제의 답인 어린 시절 부족했던 사랑과 잃어버린 꿈을 되찾으려는 마음의 복수와 같다.

J의 법정 녹음 기록을 보자.

> **법관:** 당신은 한 번도 정상적인 남자 친구가 없었죠? 만약 있었다면 당신은 그 사람들을 살해할 필요가 없었어요.
>
> **J:** 사람들은 늘 내 곁을 떠나갔어요. 나는 나와 평생을 함께할 사람을 찾을 수 없었어요. 그래서 사람들을 내 옆에 둘 수 있는 유일한 방법이 그들을 살해하는 것이라고 생각했습니다.

일찍이 청소년 시절부터 버림을 받은 J는 외로움이 너무나 두려웠다. 그래서 성년이 된 후에 더 많은 (시신) 동반자가 필요했다. 어린 시절을 불우하게 보낸 L은 사람들의 관심을 받고 싶어서, 피해자의 시신 일부를 포장해서 캐나다 수도 오타와의 양대 정당 당사로 보냈다.

「몬스터Monster」나 「향수」와 같은 영화의 주인공이나 실제 존재했던 '그린강의 킬러'에게서 모두 이런 '비정한 악마'의 그림자를 찾을 수 있다. 단지 범죄만 놓고 보면 그들의 죄는 너무 커서 도저히 용서할 수가 없다. 그러나 어떤 측면에서 보면 폭력을 휘두르는 그들 자신이 오히려 운명의 희생자일 수 있다. 한마디로 말해 이 세상에는 이유 없는 사랑도 없고, 이유 없는 원한도 없다.

'먹을 가까이 하는 사람은 검어진다近墨者黑'는 말처럼
사람들은 세상의 많은 것들을 관찰과 모방의 행위를 통해서 학습한다.
그리고 오랫동안 어떤 제한적 환경에 노출된 사람은
자신도 모르는 사이에 그 환경과 주위 사람들의 행동에 '전염'된다.

그저 '자웅동체 동지'를
사랑한 죄일 뿐
_동성애

4
장

나는 '매슬로의 욕구 단계'를 설명할 때 인간에게 필수적인 '성의 욕구'는 번식의 욕구를 가리킨다고 했는데 이것은 동성애 행위와는 상당히 어긋난다.

임신한 여성이 특별한 이유 없이 자연유산이 되는 것은 배아 자체의 결함일 수도 있는 것처럼, 모든 것은 생존 경쟁으로 자연에 적응하는 것만 선택되어 살아남으며, 우성이 이기고 열성은 도태된다. 그래서 진화론의 각도에서 보면, '상대적으로 번식 성공률이 낮은 것들은 자연선택에 의해 도태된다'고 할 수 있다.

그렇다면 인류의 길고 긴 진화과정 중에 번식에 위배되는 사랑인 '동성애'는 왜 도태되지 않았을까? 만약 그들의 존재가 도태되지 않을 만큼 합리적이라고 한다면, 당신은 그런 동성애에 대해 얼마나 알고 있는가?

먼저 동성애의 발생 원인부터 이야기하는 것이 좋겠다.

그들은 왜
'남다른 사랑'을 하는가?

　최근에 나는 「밀크Milk」라는 영화를 보고 난 후에 혹시나 하는 생각에 미국 여행 때 찍었던 사진들을 뒤져서 아래의 사진을 찾아냈다. 대조해본 결과, 내가 그 사진을 찍은 장소가 바로 영화의 촬영지였다. 이 영화는 다큐멘터리이므로 영화 촬영지는 곧 실제 사건이 있었던 장소라는 것이다.

이 영화가 이야기하려는 것은 무엇인가? 「밀크」는 미국 동성애 정치가인 하비 밀크Harvey Milk의 일생을 생생하게 그린 전기 영화다. 그는 미국의 「타임」지가 선정한 20세기 영향력 있는 100인 중 한 사람으로, 동성애자들의 합법적인 권익을 쟁취하기 위해서 정치를 시작했다가 결국 보수파에 의해 암살당한 인물이다.

2009년 아카데미 시상식에서 영화 「밀크」는 남우주연상과 각본상 수상의 영예를 안았다. 이 사진 속 배경은 미국 샌프란시스코에 위치한 카스트로Castro 거리로 이곳은 동성연애자 집단 거주지로 유명하다.

카스트로에 가기 전에 나는 한 번도 동성애자를 만나본 적이 없었다. 내 주변의 동성애 '동지'들은 너무 깊숙이 잠복하고 있기 때문이다. 하지만 카스트로에 머물렀던 며칠 동안 나는 동성애자와 짧은 시간 가볍게 교류할 기회가 많았다. 그 거리의 수많은 상점과 전문점에서 일하는 종업원들이 모두 동성애자였기 때문이다.

내가 만나본 그들은 대부분 열정적이고 꾸미는 것을 좋아했으며 다소 과장된 행동을 했다. 일종의 '자웅동체'와 같은 아름다움도 지니고 있었다. 게다가 총명하고 유머 감각이 뛰어나며 항상 나는 듯이 가볍게 몸을 흔들며 거리를 활보하고 다녔다. 그런 그들의 모습은 내게 매우 인상적이었다.

샌프란시스코에 있을 때였다. 한번은 내가 저녁을 너무 많이 먹어서 소화도 시킬 겸 산책을 하려고 한참 동안 거리를 쏘다닌 적이 있었다. 그런데 산책을 마치고 숙소로 돌아가자, 친구가 내 안부부터 확인하더니 한숨 돌리며 이렇게 말했다.

"밤에는 시내 중심에 부랑자와 마약 중독자들이 돌아다니고 치안 상태가 나쁘단 말이야. 너처럼 그렇게 느긋하게 산책하면 너무 위험해!"

그러자 나는 호기심에 물었다.

"샌프란시스코가 동성애의 도시라서 그래?"

친구는 말도 안 된다는 표정을 지으며 이렇게 말했다.

"틀렸어. 동성애자 거주지는 다른 곳에 비하면 오히려 안전한 편이라고. 거긴 가는 곳마다 '사랑이 넘치는 남자'들이 우글거리 거든!"

그 친구의 말은 우스갯소리고 따로 증명할 도리는 없다. 하지만 고대 그리스의 전쟁터에서 스파르타 군대는 확실히 병사들의 '동성 간 사랑' 덕분에 수많은 전쟁에서 승리를 거둘 수 있었다고 한다. 비록 수적으로는 열세였지만 서로를 아끼고 사랑하는 병사들은 어깨를 나란히 하고 전쟁터에 나가서 대규모의 군대를 전멸시켰다.

스파르타의 병사들은 모두 '에로스'와 함께 하는 것 같았다. 그들은 설령 자신이 참패하여 죽더라도 마지막 모습을 애인에게 보이지 않으려고 했다. 이것은 사랑에 빠진 사람이라면 누구나 가지게 되는 자존심으로, '사랑하는 사람 앞에서 절대로 체면을 구기지 않겠다'는 심정에서 비롯된 것이다. 그런 상황에서는 아무리 약하고 겁이 많은 남자라도 순간적으로 '엄청나게 큰 용기'가 생기고 힘도 충만해진다.

고대 그리스 외에 봉건시대 일본의 불교도들 사이에서도 특별한 관계가 존재했다. 보통 한 명의 연장자 승려가 한 명의 젊은 승려를 데리고 다니며 함께 수행을 하는데, 나이 많은 승려가 스승이 되어 젊은 승려를 지도하고 보호하며, 젊은 승려도 사랑과 헌신으로 그에게 보답한다.

중국의 길고 긴 역사 속에도 동성애와 관련된 정사와 야사의 '기록'이 있다. 한나라 문제文帝는 '아름다운 남자' 등통鄧通을 품으려고 어마어마한 재산을 그에게 하사했다. 『홍루몽紅樓夢』과 『금병매金甁梅』와 같은 베스트셀러에도 동성애에 대한 묘사가 나온다.

최근 동물학자들의 연구에 의하면 수많은 영장류 동물들, 가령 붉은 원숭이, 개코원숭이, 침팬지 등도 모두 동성 간 성행위를 한다고 한다. 이렇게 말하고 나니 동성애는 정말로 존재하지 않은 적이 없었으며, 존재하지 않는 곳도 없는 듯하다.

그렇다면 동성애는 어떤 원인으로 생기는 것일까? 이 문제를 밝혀내기 위해서 각계의 전문가들이 모여 열띤 토론을 벌인 결과, 선천적 요인을 주장하는 부류와 후천적 요인을 주장하는 부류로 나뉘었다. 선천적 요인에는 유전 인자, 호르몬 수준, 대뇌 구조 등이 있다. 반면에 후천적 요인에는 심리적 요소, 사회적 요소 등이 포함된다.

이 책은 심리서인 만큼 주로 심리적 요소에 대해 살펴보고자 한다. 이것 역시 3대 유파인 정신분석주의, 행동주의, 인본주의의 견해가 각각 다르다. 그중 정신분석주의와 행동주의가 동성애를 어떻게 해석했는지에 대해 알아보자.

프로이트의 정신분석 주의로 살펴본 동성애

앞서 나는 '인격 발전의 심리 성욕 단계'에 대해 간단하게 언급했다. 그에 대해 좀 더 자세히 살펴보자.

프로이트는 인간의 본능을 크게 두 가지로 나누었는데, 생존 혹은 성적 본능인 '리비도'와 죽음의 본능인 '타나토스Thanatos(그리스 신화에 나오는 죽음의 신)'가 바로 그것이다. 소위 '인격 발전의 심리 성욕 단계'란 인간의 성장기에서 리비도(성 본능)가 신체의 어느 한 부위에 고정적으로 집중되는 것이 아니라 나이에 따라 옮겨 다닌다는 이론이다. 단계별 이름도 집중되는 부위에 따라 '구순기'와 '항문기', '남근기', '잠복기', '성기기' 등으로 바뀐다. 여기서는 '구순기'부터 '남근기'까지만 알아보겠다.

리비도는 짓궂은 장난을 좋아하는 녀석으로 쓸데없이 여기저기 옮겨 다니지는 않으며, 매 단계마다 의도하는 바가 있다. 단계별로 욕구는 성욕의 만족을 얻거나 말썽을 일으키기도 한다. 그런데 이는 마치 인간에 대한 테스트와 같아서 단계에 맞게 욕구를 제대로 만족시키지 않으면 리비도는 테스트를 통과하지 못하고 오랫동안 그 단계에 머물게 된다.

여기서 알아두어야 할 점이 있다. "사람은 좋은 곳으로 가려고 하고, 물은 아래로 흐르려고 한다."라는 말처럼 리비도는 매번 앞 단계보다 다음 단계에서 더 성숙한 성적 만족 방식을 갖게 된다. 그런데 만약 리비도가 다음 단계로 넘어가지 못하고 어떤 특정한 단계에 정체되면, 그 사람은 평생 성숙하지 못한 방법으로 자신의 성욕을 만족시키고자 한다. 그렇게 되면 그 결과는 매우 참담할 것이다. 어떻게 참담한지는 다음에서 구체적으로 살펴보자.

구순기 : 출생 후 1년 6개월

태어나서 18개월이 될 때까지 리비도는 주로 입에 집중된다. 굳이 많은 영아를 관찰하지 않아도 알 수 있듯이 그들의 입은 항상 바쁘다. 영아들은 무엇이든 새로운 것을 보면 일단 입으로 가져간다. 설령 그것이 어른의 냄새 나는 양말이라고 해도 별 상관이 없다. 이 단계에서 리비도를 '화나게 하는' 방법은 매우 간단하다. 수유를 중단하거나 젖꼭지와 젖병 등 입으로 빨 수 있는 물건들을 주지 않는 것이다. '성욕의 만족'을 얻지 못하게 되면 영아는 순간 '의지할 곳이 없어서' 큰 소리로 울어댄다. 또한 그들은 버려질지도 모른다는 생각과 제 살 길을 찾아야 한다는 두려움이 생긴다.

리비도가 이 단계에서 고착되면 성년이 된 후에도 '입과 입술'로 쾌감을 만족시키려고 한다. 그래서 예를 들어 무절제하게 음식을 먹거나 줄담배를 피우거나, 지나치게 수다스럽기도 하고 손톱이나 연필을 물어뜯기도 한다. 심지어 마약을 하기도 한다. 또한 그들은 심적으로 지나치게 남에게 의존하는 경향을 보인다. 자신이 여전히 어린아이 같다고 느끼기 때문에 응석을 받아주거나 뒷바라지해 주길 원하며 타인이 자기 대신 결정을 내려주길 바란다.

항문기 : 생후 1년 6개월 ~ 3세

전 단계의 모든 것을 '리비도의 뜻에 따라'했다면, 18개월에서 3살까지 리비도는 입에서 항문으로 옮겨간다. 이 시기에 우리가 성욕을 만족시키는 방식은 바로 '배변 활동'이다. 이와 동시에 부모는 배변훈련을 통해 아이의 책임감과 통제력도 길러줄 수 있다.

만약 리비도가 순리적으로 다음 단계로 넘어가지 못하고 고착되면, 아이는 배변 활동을 잘하지 못할 뿐만 아니라 자아 통제도 제대로 되지 않는다. 그런 그들이 자라면 완전히 극단적으로 나뉘어 아예 게으르고 지저분한 사람이 되거나, 혹은 결벽증과 강박증이 있고 고집스러운 사람이 된다. 자, 이제 중요한 부분이다.

남근기 : 3세 ~ 5세

3살에서 5살까지 리비도는 항문에서 성기로 옮겨간다. 이 시기에 남자아이들은 자신에게 음경이 있다는 사실을 인식하고, 반대로 여자아이들은 자신에게 그것이 없다는 사실을 인식한다. 성적 욕구를 만족시키는 방법이 더 이상 입이나 항문이 아니라 진정한 성 기관을 통해 이뤄지며 성기 접촉을 통해 쾌락을 느끼게 된다. 이때 성적 욕망의 대상은 젖꼭지, 대변 등에서 자신의 가장 가까운 사람인 부모에게로 향한다. 즉, 남자아이는 엄마를, 여자아이는 아빠를 사랑하게 되는 것이다. 이 시기의 아동은 부모와 자식 간의 혈연감정뿐만 아니라 애정도 느낀다. 물론 이 모든 것은 잠재의식 안에 있다.

남자아이는 자신의 어머니를 갈망하며 어머니와의 친밀한 관계를 원한다. 그런 면에서 아버지의 존재는 커다란 장애가 된다. 그들은 아버지가 어머니의 모든 관심을 빼앗아간다는 생각에 자신의 아버지를 경쟁상대로 여긴다.

이 시기에 리비도가 남자아이에게 가져다주는 골칫거리는 바로 '오이디푸스 콤플렉스Oedipus complex'이다. 오이디푸스는 고대 그리스 신화 속 인물로, 속사정을 잘 알지 못하는 상황에서 자신의 아버지를 죽이고 어머니와 결혼한다. '오이디푸스 콤플렉스'를 '마더 콤플렉스'라고 부르기도 하는데, 남자아이들이 아버지를 없애고 어머니의 모든 것을 독차지하려는 무의식적 욕망을 가리킨다.

이 시기의 남자아이는 아버지를 괴롭혀 집 밖으로 내쫓아버렸으면 좋겠다고 생각한다. 심지어 그를 죽이고 싶다는 감정까지 갖는다. 그렇지만 몸집이 크고 힘이 센 아버지의 적수가 되기에는 자신이 턱없이 부족하다는 것을 잘 알고 있다. 그래서 그들은 아버지를 두려워하고 아버지가 먼저 자신을 공격하고 제압할까 봐 늘 걱정한다. 또한 자신의 성기가 제거될지도 모른다는 불안감을 느낀다. 음경이 없어질지도 모른다는 불안감을 '거세 불안'이라고 하는데 이런 불안감 때문에 그들은 결국 어머니에 대한 '분수에 맞지 않는 생각'을 접게 되고, 아버지를 '제거'하는 대신 아버지와 같은 사람이 되려는 소망을 갖는다. 남자아이가 아버지를 닮으려고 할 때 바로 그들의 남성성이 형성되기 시작하는 것이다.

여자아이는 남자아이의 상황과 공통점도 있고 차이점도 있다. 공통점은 그녀들도 음경에 관심을 가진다는 사실이다. 하지만 그녀들에게는 음경이 없다. 그래서 그녀들은 음경이 있는 아버지를 갈망하면서 또 한편으로는 질투한다. 이것이 소위 '남근 숭배'다. 그런데 여자아이는 남자아이가 아버지를 두려워하듯이 어머니를 두려워하지는 않는다. 그 대신 자신을 음경 없이 낳아준 어머니를 원망한다. 이 시기의 여자아이가 겪게 되는 골칫거리는 바로 '엘렉트라 콤플렉스Electra complex'이자 '파더 콤플렉스'이다.(딸이 아버지에게 애정을 품고 어머니를 경쟁자로 인식해 반감을 갖는 경향) 고대 그리스 신화에 나오는 엘렉트라는 자신의 어머니가 아버지를 죽였다고 확신해 오빠와 함께 어머니를 살해하게 된다.

약한 남자에게 치명적인 마더 콤플렉스

그런데 만약 남근기를 순탄하게 보내지 못하면 어떻게 될까? 이것이 내가 말하고 싶었던 키 포인트이자 동성애의 형성 원인 중 하나인 '마더 콤플렉스 모순'이다.

우리는 아이의 성장에 양부모의 건재가 얼마나 중요한지를 잘 알고 있다. 만약 강한 아버지가 없는 가정환경에서 자란 남자아이에게 '마더 콤플렉스'가 발생하면, 그는 모방하거나 흉내 낼 대상이 없어서 무력해지며 혼란을 겪게 된다. 그는 현실과 의식 속에서 자신의 어머니와 진짜 '사랑'에 빠질 수 없기 때문이다. 그래서 하는 수 없이 그는 자신의 어머니를 모방하고, 그런 후에 나르시시즘Narcissism과 같이 자기 자신을 성적 대상으로 삼는다. 그들이 자신과 대체로 비슷한 남성을 찾아 사랑하는 것은 마치 자신의 어머니를 '사랑'하는 것과 같다.

한편, 모두 그런 건 아니겠지만 동성애자의 어머니들은 대체적으로 아들을 지나치게 사랑하는 경향이 있다. 다시 말해 그녀들은 아들이 자신의 전부이자 남편을 대신해서 자신을 사랑해 줄 유일한 존재라고 여기는 것이다.

간혹 아버지가 있어도 가족 내에서 파워가 없고 역할도 없는 유명무실한 존재인 경우도 있다. 이런 가정에서의 부부관계는 비정상적으로 어머니가 여왕이자 통치자가 되고, 상대적으로 아버지는 배짱이 없고 나약하며 아내가 시키는 대로 절대복종한다. 이런 경우 대부분 어머니는 매력적이고, 아버지는 거친 외모를 가졌을 수 있다. 이런 가정환경에서 어머니가 아들에게도 남편을 대할 때처럼 쥐락펴락 제 마음대로 한다면 상황은 더욱 심각해진다. 어머니는 아들이 진정한 남자가 될 수 있게 제대로 북돋아주지 못할 뿐만 아니라, 아들이 자신 이외의 이성에게 흥미를 갖는 것도 가만히 내버려 두지 않기 때문이다. 이처럼 모방할 만한 남성 이미지가 없다는 사실은 어린 시절 남자아이에게 큰 치명타가 된다. 그 사례들을 살펴보자.

남자 1: 우리 집은 늘 어머니가 지도자처럼 모든 일을 도맡아 했다. 반면에 아버지는 지도자의 지휘를 받는 부하에 불과했다. 어렸을 적에 우리 부모는 항상 싸웠고, 나는 늘 어머니 옆에 서 있었다.

남자 2: 젊었을 때 나는 큰 충격을 받은 적이 있다. 그건 아마 내가 이미 성에 눈을 뜬 16~17살 무렵이었고, 우리 부모는 40대 중반쯤 되었을 때다. 하루는 밤에 잠을 자다가 부모가 심하게 다투는 소리에 잠에서 깼다. 가만히 들어보니 아버지는 어머니에게 빌고 있었고, 어머니는 불만에 가득 찬 목소리로 이렇게 말했다.

"당신은 내가 죽었으면 좋겠죠?"

당시 나는 아버지에게 너무 실망했고, 어머니를 괴롭히는 아버지가 몹시 미웠다. 물론 지금은 그렇게 생각하지 않지만, 그날의 기억은 아직도 또렷이 남아있다.

남자 3: 우리 아버지는 엔지니어이고 어머니는 선생님이었다. 부모님은 결혼을 늦게 했고, 남들보다 늦게 나를 얻었다. 아버지는 마흔이 다 되어서야 결혼하셨는데, 수많은 여자 친구들과 어울렸다. 할머니는 그런 아버지를 탐탁하게 여기지 않았다. 할머니가 무척 엄하셨기 때문에 아버지는 아무런 주장도 없고 철도 없는 편이었다. 사실 나도 그런 아버지를 조금은 무시했다. 어머니는 늘 아버지보다 강하셨다.

첫 경험을 평생 간직하는 행동주의

누구나 첫사랑은 잊기 어렵다고 말한다. 세상에 태어나 가장 먼저 알게 된 사람(엄마, 아빠)이 가장 친하고, 가장 먼저 배운 언어(모국어와 방언)는 잊지 못하며, 달콤한 아이스크림의 첫맛은 평생 그립다. 그렇다면 첫 경험은 어떨까? 이것도 마찬가지로 매우 중요하다. 만약 첫 경험을 동성과 하게 되면 동성연애를 선호할 가능성이 크다. 그 사람은 훗날 만나게 되는 이성이 그저 지나가는 행인처럼 느껴질 것이다.

이런 이치는 행동주의의 '조건반사'로도 해석할 수 있다. 살면서 처음 느낀 고통은 잊을 수 없는 것처럼 성적 첫 경험이 주는 인상은 대단히 강렬해서, 당사자는 곧 성적 쾌감과 동성 대상과 긴밀하게 연결되어 조건반사를 일으킨다. 특히 당사자의 나이가 어릴수록 인생을 판단하는 경험과 능력이 부족하고 다른 상황과 비교할 수 없기 때문에 '고집불통'이 되기 쉽다. 그래서 동성과의 성적 경험이 먼저 주입되면, 성관계란 동성 사이에 일어나는 것이라고 확신해 버린다.

맹모는 왜 세 번이나 이사를 다녔을까? 앞에 소개한 반두라의 '참여 학습'과 '관찰 학습'을 이용해서 그 부분도 해석할 수 있다. 관찰 학습이란 '먹을 가까이 하는 사람은 검어진다近墨者黑'는 말처럼 사람들은 세상의 많은 것들을 관찰과 모방의 행위를 통해서 학습한다. 그리고 오랫동안 어떤 제한적 환경에 노출된 사람은 자신도 모르는 사이에 그 환경과 주위 사람들의 행동에 '전염'된다.

이성애와
동성애의 차이

동성애의 형성 원인은 여기까지 이야기하겠지만 물론 그것이 전부는 아니다. 그렇다면 동성의 애인들은 어떻게 지낼까? 아래의 시를 살펴보자.

하늘이시여!

바라건대 내가 당신과 서로 알게 되고부터

내 마음은 변치 않고 쇠하지 않게 하옵소서!

산의 언덕이 다 없어지고, 강물이 모두 마르고

겨울에 천둥이 치고, 여름에 눈이 내리며,

하늘과 땅이 하나로 합쳐지는 날이 온다면,

이것은 남녀 사이의 두터운 정과 오랜 세월이 지나도 변하지 않는 사랑을 애절하게 묘사한 시로, 감정이 풍부하고 진한 사랑의 힘이 느껴진다. 그런데 이 시가 동성애자들의 애정을 표현한 것이라면 어떨까? 그래도 전혀 위화감이 없을 것이다. 동성애와 이성애의 사랑을 비교해 보면, 형식이나 내용은 물론이고 그 열정과 진지함이 완전히 닮아 있다. 유일하게 구별되는 것은 모두가 알다시피 연애 대상의 성별이 '동성'이라는 것뿐. 이성애자들은 도저히 상식적으로 생각 못 할 일이지만 이들의 이야기를 들어보면 일정 부분은 이해할 수 있을 것이다.

어느 동성애자의 감정을 들여다보자.

그해 나는 한 사람을 사랑하게 되었는데, 그에게 완전히 푹 빠졌고 죽을 만큼 아팠다. 우리는 3개월 동안 매주 3, 4일을 함께 보냈다. 나는 그를 사랑했고, 그도 나를 사랑했다. 그에게는 여자 친구가 한 명 있었지만, 그는 그녀를 그다지 진지하게 생각하지 않았다. 그렇게 우리 둘은 영원히 변하지 않을 거라 굳게 믿었는데, 어느 순간 조금씩 우리 사이에 금이 가기 시작했다. 그러면서 나는 혹시 그가 나를 속이고 바람을 피우는 것은 아닌지 의심이 들기 시작했다. 결국 나는 그를 미행했고 그의 집 앞을 지키고 기다렸다. 아니나 다를까 그는 딴 남자와 함께 보내느라 밤늦도록 집에 돌아오지 않았다. 나는 그가 너무나도 원망스러웠다. "난 정말 너를 진심으로 대했는데, 너는 이런 나의 감정을 가지고 놀았어." 당시 나는 너무 화가 나서 그의 새로운 남자 친구 집을 박살내고 싶었다.

이 글에서 볼 수 있듯이 그들의 감정적 갈등과 몰입은 이성 간의 사랑에 결코 뒤지지 않는다. 진실한 사랑을 추구한다는 점을 보면 동성애와 이성애는 다른 점이 없다. 그들의 슬픔과 기쁨, 이별과 만남은 이성애자와 마찬가지로 상대방을 감동시킬 만큼 애절한데, 단지 동성애와 이성애의 운명으로 갈리고 마는 것이다.

진지해지면 지는 것이다

일반적으로 사람들은 진정한 사랑의 존재를 믿으며 오로지 자신만을 바라보고 위해 주는 순수한 내 편이 있을 것이라 생각한다. 하지만 동성애자(남성)들에게는 그런 경우가 그리 쉽지 않다. 진지한 사이를 원했던 어느 동성애자의 얘기를 통해 그런 관계가 얼마나 드물고 이뤄지기 어려운지를 충분히 엿볼 수 있다. 이 이야기는 주로 남성 동성애 위주로 거론될 것이니 여성 동성애에 관심이 있는 독자들은 양해해 주기 바란다.

우리 울타리 안에는 상대방을 속이는 사람들도 많고 너무나 다양한 사람들이 한데 섞여 있다가 이슬처럼 사라진다. 그래서인지 그 안에서 오랫동안 짝을 기다렸거나 이런저런 경험이 많을수록 진실한 관계를 갈망하고 상대방을 소유하길 원하는 마음은 더 커진다.

세상은 넓고 아름다운 것도 많은데 이런 간절한 사랑이 이뤄지지 않는 것은 너무나 가슴이 아프다. 만약 내가 평범한 사람이었다면 이것저것 따지는 것이 많지는 않았을 것이다. 하지만 내가 원하는 사람은 오직 게이에 한정되어 있으니 모든 것이 어렵기만 하다. 아마 그렇게 어렵기 때문에 더 소중할 것이다.

우리와 같은 사람들은 일단 어떠한 사람에게 푹 빠졌다고 생각되면 감정의 포로가 되지 않기 위해 서둘러 그 감정에서 벗어나야 한다. 우리 울타리 안에서 가장 환영받지 못하는 부류의 사람은 '감정에 지나치게 얽매이는 사람'과 '성적으로 아무것도 하지 않는 사람'이다. 반면에 가장 환영받는 사람은

'그저 그 순간을 즐기고 골치 아픈 감정 따위는 만들지 않는 사람'이다. 많은 동성애자는 자신이 원치 않는 감정에 빠질까 봐 두려워한다. 그것처럼 피곤한 일도 없다고 생각하기 때문이다. 특히나 그들에게는 가족이 있다. 이런저런 복잡한 일을 만들기보다는 가정, 일, 사회적 지위를 생각해서 그냥 즐기고 싶을 뿐이다. 간혹 우리 안에는 문학 소설을 읽거나 사랑 노래를 즐겨 듣는 부류들도 있는데, 이들 대부분은 지적이고 낭만적이며 감정을 중시하기 때문에 서로 아무런 감정도 없이 어울리는 것을 견디지 못한다.

요즘은 단순히 즐기려는 부류의 사람들이 많아지고, 그렇지 않은 사람은 항상 괴로움에 시달리는 것 같다. 후자의 사람이 전자와 같은 부류의 사람을 만나면 자신의 감정 때문에 오랫동안 힘들어하며 평생 잊지 못하기도 한다. 이제 막 우리 안으로 들어온 '아기새들'은 처음에는 누군가와 사랑에 빠지게 되는데, 시간이 흐를수록 어떻게 해서든 감정적인 문제를 피하려고 노력하다가 결국 덤덤해진다.

구속 없는 연애가 더욱 어려운 이유

동성연애와 이성연애의 두 번째 차이점은, 연애 기간이 길지 못하고 길어야 3~5년, 짧으면 한두 차례의 만남에 그친다는 것이다. 두 남성 동성애자의 사이가 오래가지 못하는 이유는 '자신이 원하는 것을 상대방도 원하기 때문'이다. 대부분의 남성 동성애자는 겁이 많고 나약해서, 상대방이 자신보다 용감하고 남자답길 바란다. 이것은 마치 여성이 자신의 반쪽을 선택할 때 자신의 아버지와 똑같은 남자를 찾거나 아니면 그와 정반대의 남자를 찾는 경우와 같다.

남성 동성애자가 반쪽을 고를 때도 자신의 강인한 아버지와 똑같은 상남자를 찾거나, 혹은 자신의 나약한 아버지와 정반대인 상남자를 찾는다. 결국 두 경우 모두 '남자 중의 남자'만 찾는 셈이다. 그것은 남자 초상화를 실제보다 강인하고 멋지게 그리는 사람이 대부분 남성 동성애자라는 사실을 봐도 알 수 있다. 남성 동성애자들이 좋아하는 대상은 진정한 이성애 남자이자 완벽한 상남자이기 때문이다. 어떠한 관계든 두 사람 모두가 만족해야 그 사이가 유지될 수 있는데, 두 남성 동성애자는 서로가 서로에게 남자답기를 바라기 때문에 그 사이가 오래가지 못한다.

또한 영화 「거미 여인의 키스Kiss Of the Spider Woman」에 나오는 동성애자의 "나는 늘 진정한 남자를 기다렸다. 그러나 그런 남자는 나타날 수 없었다. 왜냐하면 진정한 남자는 진정한 여자를 원하기 때문이다."라는 독백처럼 남성 동성애자들이 진정으로 원한 멋진 남자는 결국 '멋진 여성을 찾는다'는 것도 사랑이 이루어지기 힘든 이유 중 하나이기도 하다.

　사람은 누구나 옛것보다는 새것을 좋아한다. 이것은 이성애자이든 동성애자이든 마찬가지다. 그래서 어느 정도의 시간이 지나면 새로운 사랑을 찾아 나서고, 지금보다 더 나은 상황을 상상해 보곤 한다. 그런데 이성애 관계에서는 '결혼'이라는 구속이 있다. 그래서 수많은 이성애자는 결혼 생활에서 아무리 상대방에 대한 신비감이 사라지고 새것을 더 좋아하는 본성을 가지고 있더라도 그것을 핑계로 배우자와 헤어지는 경우는 드물다. 반면, 동성애자들은 열렬히 사랑을 한 후에 싫증이 나면 그 관계를 계속 유지해야 할 이유도, 구속도 없기 때문에 감정에 빨리 빠져드는 것만큼 빨리 식어 버리기도 한다.

위기를 눈감고 시도하는
위험천만한 결혼

해외에서는 동성애 전용 클럽을 심심치 않게 볼 수 있다. 외국의 동성애 환경은 개방적이고 자유로운 편이다. 또한 외국에서는 오랜 전통에 따라 가문의 대를 이어야 한다는 압박감도 없다. 그래서 외국의 동성애자들은 동성과 결혼하거나 동거를 한다. 굳이 주위의 압박에 못 이겨 이성과의 결혼을 염두에 두지는 않는다.

A는 신혼의 단꿈에 빠지기도 전에 이혼의 위기에 직면했다. 2007년 6월, 24살의 A는 결혼 전 그렇게 자상했던 남편의 차가워진 모습에 가슴이 아프다.

어느 날 그녀는 남편의 컴퓨터와 휴대전화에서 B라는 낯선 이름을 발견했다. 놀랍게도 그는 남편의 애인으로 남성이었다. A도 예전에 동성애자들을 본 적은 있었지만, 동성애가 그녀의 삶에 이렇게 깊숙이 들어와 있을 줄은 꿈에도 생각지 못했다. 사실상 자신은 그들에게 '제3자'나 다름없었다. 나중에 알고 보니 남편과 그의 가족은 결혼 전부터 그가 동성애자라는 사실을 모두 알고 있었고, 오직 A에게만 비밀로 하고 있었던 것이다. 하지만 남편은 뚜렷한 증거로 추궁을 하는 아내에게 여전히 자신은 양성애자라고 거짓말을 했다. 그 과정에서 A는 분노로 치를 떨어야 했다. 그녀는 남편이 자신을 속이고 결혼할 게 아니라 처음부터 진실을 털어놨어야 한다고 생각했다. 그러나 A는 비참하고 분한 마음 때문에 자신의 결혼을 쉽게 포기하고 싶지 않았다. 그래서 남편의 마음이 조금이라도 돌아설 수 있도록 잘해 주려고 노력했다. 하지만 남편은 마음을 돌리기는커녕 그녀에게 폭력까지 행사했다. A는 끝없는 절망감을 느껴 마음속으로 이렇게 외쳤다.

'나는 눈을 감아버렸고, 이 세상은 내 곁에서 완전히 끝이 났다.'

그녀는 가슴에 손을 얹고 자신에게 물어보았다.

'앞으로 몇십 년을 더 이렇게 구타와 냉정함과 고통 속에서 지

내야 하나?'

가정폭력은 결국 A의 마지막 남은 희망을 무참히 깨뜨렸다.

"이혼하고 싶다. 그러나 그는 이혼을 원치 않고 별거하자고 한다. 하지만 그건 정말 내게는 불공평한 일이다."

이미 깨져버린 사랑에 대해 어떠한 보상도 받지 못했지만, 그녀는 반복되는 고통에서 자유로워지기 위해 마침내 짧은 결혼생활을 끝냈다.

연구 결과에 따르면, 80%의 중국 남성 동성애자는 결혼을 했거나 이미 동성애 무리 안에서 어울리고 있었는데, 그 수가 무려 약 1,600만 명에 이른다고 한다. 그중 양성애자를 제외하더라도 남성 동성애자와 결혼한 여성의 수는 약 1,000만 명에 이른다. 예전 중국의 한 프로그램에서 어떤 동처(동성애자와 결혼한 아내)가 "생애 가장 아름다웠던 시절에 나는 오히려 한 동성연애자와 결혼했다."라며 서글퍼했다. 그녀의 말 속에서 느껴지는 슬픔은 오직 당사자의 몫일 것이다. 그나마 A처럼 시기적절하게 피해를 줄일 수 있었던 것은 불행 중 다행이라고 할 수 있다. 여전히 많은 여성은 자신의 명예를 더럽히거나 아이에게도 영향을 미치거나 가족들에게 창피를 당할까 봐 두려워, 홀로 '동처'라는 어두운 그림자 속에서 힘든 하루하루를 버티고 있다.

A의 남편과는 달리 동성애자 중에는 결혼 후에 양심의 가책을 느끼면서 아내에 대한 반감을 억누르고 좋은 남편이 되려고 노력하는 이들도 있다. 성적으로나 감정적으로 아내에게 완벽하게 몰입할 수 없는 것을 빼면 그들은 자신이 할 수 있는 만큼 남편의 의무와 책임을 다하는 것이다. 한 동성애자 남편의 이야기를 들어보자.

그해 나는 27살이었고, 어느 정도 나이가 들면 결혼을 해야한다는 전통 관습에 따라 가정을 꾸렸다. 결혼 후 몇 년간은 부부생활을 잘 유지해 나갔다. 부부생활을 위해 나는 때때로 억지로 발기 상태를 유지하여 부부관계를 가지곤 했다. (동성애자 친구들은 대부분 이와 비슷한 경험이 있다.) 내가 이렇게까지 하는 이유는 오로지 남편의 책임을 다하기 위해서였을 뿐, 사실 나는 남녀 사이의 성생활에 조금도 흥미가 없다.

가끔 나는 차라리 출가해서 스님이 되면 좋겠다고 생각한다. 스님들은 불교 교리상 결혼할 필요가 없고, 그래서 결혼에 대한 가족, 사회, 친지들의 비난을 피할 수 있을 테니까 말이다. 동성애자 친구들 대부분은 나와 똑같거나 비슷한 생각을 하고 있다. 하지만 그들에게도 '양심'이 있기 때문에 좋은 아버지, 좋은 아들이 되기 위해 의무와 책임을 다하고 있다.

예민한 여자라면 남편이 침대 위에서든 침대 밖에서든 자신을 진심으로 대하는지 아닌지를 알아차릴 수 있다. 그들은 마치 '깊은 구멍이'에 얇은 풀을 깔고 그 위를 걷듯 아슬아슬하게 결혼생활을 유지하며 위기를 보아도 보이지 않는 척할 뿐이다.

외국 사람들은 남성 동성애자가 여자와 결혼하는 것을 이해하지 못한다. 그들이 보기에 자신의 애인이 여자와 결혼하는 것은 감정에 대한 배신이며 큰 상처이기 때문이다. 하지만 외국인들은 중국의 문화 속에서 변화와 발전과 침전을 거쳐 형성된 거대한 힘을 받아들일 수 없을 것이다. 결혼에 대한 압력과 대를 이어야 하는 의무는 어쨌든 중국 남자들에게는 반드시 해내야 하는 무형의 규범이 되었다. 그래서 중국의 남성 동성애자도 커다란 부담을 짊어질 수밖에 없다.

아래의 글은 결혼한 동성애자의 고통과 근심을 너무나 잘 말해 준다.

머지않아 나는 결혼하게 된다. 하지만 앞으로 그녀를 어떻게 대해야 좋을지 모르겠다. 비록 그녀와의 결혼에 동의했지만 내가 그녀를 좋아하지 않는다는 사실은 너무나 확실하다. 그렇다고 내 나이에 결혼을 하지 않고 독신으로 살아갈 수도 없었다. 부모와 친척, 친구들은 하나같이 나이가 꽉 차도록 결혼하지 않는 나를 가만히 내버려 두지 않았다. 어떻게 하면 좋을까? 사랑하지도 않는 그녀와 평생을 함께 지내면서, 아침저녁으로 얼굴을 마주하고 밤이 되면 한 침대에서 동침을 해야 한다. 도저히 견딜 수 없을 것 같다. 앞으로의 삶이 어떻게 변할지 전혀 상상이 되지 않는다. 속으로는 이렇게 혼란스러운데도, 겉으로는 결혼을 앞둔 여느 신랑처럼 설레는 척하면서 나도 속이고 남도 속이고 있다. 첫날밤에는 또 어떤 상황이 벌어질지 정말 생각하기도 싫다.

도대체 왜 이렇게 되어버린 것일까? 사람은 꼭 결혼을 해야 하나? 그리고 결혼은 꼭 이성과 해야 하나? 그렇지만 나는 내가 동성애자라는 말은 끝내 밝힐 수 없다. 평생 결혼하지 않고 독신으로 사는 것이 왜 이렇게 어렵단 말인가? 왜 동성애와 같은 저주가 나에게 찾아왔을까? 앞으로 어떻게 살아야 할지, 나의 행복은 과연 어디 있는지, 결혼한 후에 이혼을 해야 하는 건지 나는 잘 모르겠다. 동성애가 이처럼 어렵다니! 가끔 나는 죽으면 이 모든 것이 끝이겠다는 생각을 한다. 하지만 나에게는 꿈도 있고 앞날이 창창한 사업도 있기 때문에 어쨌든 그 길로 가지는 않았다. 그렇지만 정말이지 숨이 턱턱 막힌다. 마음속에 가득한 슬픔과 근심을 그 어느 누구에게도 털어놓을 수 없다니! 친척과 친구들이 분주히 나의 결혼 준비를 도와주는 모습을 보면 정말 기분이 비참하다. 이런 내 마음을 어떻게 알겠는가! 도대체 이 모든 것을 어떻게 해 나가야 할까? 행복해지려면 나는 어떻게 해야 할까? 이성애 자들 속에 끼인 동성애자의 고통을 누가 알아줄까?

그렇다면 동성애자와 이성애자의 결혼이 왜 이렇게 고통스러 운가? 사실 이것은 정말 바보 같은 질문이다. 생각해 보자. 만약 이성애자가 동성애자를 만나야 한다면 어떻겠는가.

일부 동성애자가 고통스러운 이유는 결혼 후에 정신과 체력 이 아내와 미혼의 동성 파트너에게 분산되기 때문인데, 이것은 두 사람 모두에게 불공평하다. 또 어떤 사람은 결혼을 하면 동성 애 활동의 자유가 제한되기 때문에 힘들다고 말한다. 또 어떤 사 람은 동성애자로서 이성애와 결혼하는 것이 '양심에 가책을 느 끼는' 일이어서 괴롭다고 한다. 그러나 이 모든 것들은 근본적인 이유는 아닐 것이다. 그들이 고통스러운 가장 중요한 이유는 결 국 이성과의 사랑과 결혼은 자신의 '성적 만족'을 이끌어내지 못 하는 데 있을 것이다.

다음 글은 동성애자가 여성과의 성관계가 어떤지를 알 수 있 는 고백이다.

나는 그 여자와 키스하는 것이 너무나 어색했고 아무런 자극도 받지 못해서 마지못해 그녀를 애무했다. 그녀가 나의 몸을 더듬으면 나는 오히려 반감만 들고 흥분되지 않았다. 예전에 내가 처음으로 여자의 벗은 몸을 보았을 때도 별다른 느낌이 없었다. 반대로 여자가 나의 벗은 몸을 보아도 그다지 흥분되지 않는다. 나는 여자 몸을 만지고 있으면 기분이 좋아지기는 커녕 지루하기만 하다. 억지로 모든 것을 끝낼 뿐이다.

수만 가지 사랑 중 하나,
동성애

다시 앞에 언급했던 질문으로 돌아가 보자. 왜 생물 진화의 법칙에 위배되는 동성애가 자연 도태되지 않고 여전히 살아남았을까?

사실 동성애가 살아남기 위해 그들이 겪은 온갖 고난과 꼬리에 꼬리를 물고 이어지는 위기는 심금을 울리고도 남는다. 동성애라는 긴 여정이 시작되었을 때 처음으로 그들을 가로막는 것은 '종교'이다. 그것은 단순한 저지라기보다는 잔혹한 박해라고 해야 옳다. 동성애란 종교적 입장에서 보면 두말할 필요도 없이 '이교도'이며 '이단'이다. 특히 기독교의 『성경』에는 "너는 여자와 동침함 같이 남자와 동침하지 말라 이는 가증한 일이니라.",

"누구든지 여인과 동침하듯 남자와 동침하면 둘 다 가증한 일을 행함인즉, 반드시 죽일지니 자기의 피가 자기에게로 돌아가리라."라는 구절이 있다. 그만큼 기독교에서는 동성애가 도덕적 타락을 조성하므로 살인죄와 똑같이 사형에 처해야 한다고 생각했다.

또한 동성애는 현존하는 가치관에 대한 위협이며, 결혼제도와 종족 보전을 해치는 중죄로 죽어 마땅하다고 생각했다. 실제로 기독교가 로마 국교가 된 후에 동성애자들은 예외 없이 사형 선고를 받기도 했다. 영화 「이교도The Wicker Man」(우리나라에서는 '위커 맨'이라는 제목으로 개봉되었다. _옮긴이)에서 주인공 니콜라스 케이지의 마지막 모습이 당시 동성애자들의 결말과 같을 것이다.

이후 사회가 변해감에 따라 동성애에 대한 종교적 구속력도 점차 약해졌다. 그러자 동성애를 가로막는 두 번째 장애물이 나타났는데 바로 '법'이다. 당시 상황을 보면 동성애는 중죄로 치부되어 처벌이 매우 엄격했다. 아스테카 제국에서는 동성애자 중 여성의 역할을 맡은 남자의 성기를 잘랐다. 그리고 그를 나무 기둥에 묶어 재와 땔나무를 쌓아두고 불을 붙여 산채로 타죽게 했다. 또한 남성의 역할을 맡은 상대방은 나무 기둥에 묶어 재로

덮은 뒤 숨이 막혀 죽을 때까지 그대로 두었다. 페루에서는 동성애 행위가 발각되면, 대중이 지켜보는 앞에서 교수형에 처해졌고, 그의 옷가지들도 모조리 불태워졌다. 옷가지 태우는 것은 그의 모든 것을 '철저하게 처단'한다는 의미였다. 영국에서는 일찍이 동성애자를 생매장한 사건도 있었다. 프랑스에서는 18세기 말까지도 동성애자를 화형에 처했다. 로마에서는 비교적 가벼운 판결을 내렸는데 동성연애는 10년간 옥살이를 했다.

사회가 끊임없이 진보하자 동성애에 대한 법의 제재도 서서히 무력해졌지만, 이에 새롭게 등장한 세 번째 장애물은 바로 '의학'이다. 한때 의학계에서는 동성애를 '일종의 정신병'이라고 여겼고, 동성애자들에게는 항상 '변태'라는 별칭이 따라다녔다. 심지어 어떤 단체나 일부 사람들은 동성애자들을 모두 정신병원에 수감해야 한다고 주장했다. 하지만 그렇게 말한 사람들은 동성애자의 숫자를 과소평가한 것이다. 이 세상에 그렇게 많은 '환자'들을 수용할 수 있는 정신병원은 없다. 물론 그들을 '치료할' 의사도 충분치 않았을 것이다.

그런데 그런 의학계의 주장을 완전히 뒤엎는 사람이 나타났다. 그의 견해는 사람들에게 크나큰 영향을 끼쳤는데, 그는 다름 아닌 우리에게 너무나 친숙한 프로이트다. 프로이트는 "동성애는 병원에서 절대로 치료할 수 없다. 왜냐하면 그것은 결코 병이 아니기 때문이다."라고 당당하게 말했다.

그의 영향을 받아 수많은 정신과 의사들도 동성애는 질병이 아니라는 관점을 받아들이게 되었고, 마침내 1973년에는 미국 정신병 협회가 정신병자의 목록에서 동성애자를 제외시켰다. 그 전까지 동성애는 줄곧 일종의 정신 질환으로 여겨져 「미국 정신병 진료 수첩」에도 포함되어 있었다.

종교, 법, 의학의 '추살追殺' 이후, 지금도 여전히 동성애를 가로막고 있는 장애물이 있으니 바로 '도덕'이다. 도덕은 동성애를 '인류의 천성을 위반하는 죄악'이라는 '상투적인 말'을 내걸고 동성애를 가로막았다. 한 가지 흥미로운 점은 사회 각 계층, 각종 직업, 다양한 연령에서 조사한 동성애 데이터에서 "동성애는 수치스러운 것이다!"라고 소리 높여 외쳤던 사람 중에도 동성애자가 적지 않다는 사실이다. 누군가는 이렇게 지적했다.

"동성애를 이 세대에 완전히 소멸시켰다고 해서 다음 세대에 다시 나타나지 않는다고 누가 보증할 수 있는가?"

동성애는 사회가 아무리 엄격해도 줄어들지 않을 것이며, 아무리 관용을 베푼다고 해도 늘어나지 않을 것이다. 사람은 영원히 존재하지 못하지만, 동성애는 늘어나지도 줄어들지도 않은 채 여전히 존재할 것이다. 즉, 동성애의 존재란 바로 '인간이라는 생물의 다양성의 표현'인 것이다.

여기까지 보면서 느꼈는지 모르겠지만, 중국은 아주 오래전부터 다른 나라에 비해 동성애에 비교적 관용적이었고 '보고도 보지 않는' 태도를 취했다. 대체 왜 그럴까? 그 이유는 앞에서 나온 것처럼 중국의 80%의 남성 동성애자는 결국 결혼을 할 것이며 후손을 낳고 기를 것이기 때문이다. 중국에서 동성애자가 그나마 참혹한 박해를 면할 수 있었던 원인 중 하나는 "할 일을 하니까 그 정도는 괜찮아."라는 사회적 분위기도 한몫했다.

어두운 길을 가다가 구름이 걷히면 밝은 달을 볼 수 있듯이, 동성애에 대한 사람들의 태도도 조금씩 구름이 걷히고 너그러워지고 있다. 심지어 어떤 나라에서는 이미 동성 간의 결혼도 합법화했다. 이제 사람들은 동성애를 일종의 성 취향의 문제라고 생각한다. 그것은 정상적이고 자연스러운 일이며, 단지 평범한 사람들보다 조금은 특별한 '동지' 스타일일 뿐인 것이다.

반드시 누설해야 할
성性과 관련된
비밀과 금기

5
장

사랑이 무엇인지, 나는 잘 모르겠네.

영원한 것이 무엇인지 모르겠고,

내가 누구인지도 잘 모르겠네….

「중학시대中學時代」라는 노래의 슬픈 선율이 흐를 때면, 나는 '성에 대한 세계적인 난제'인 '사랑이란 무엇인가?'를 자연스럽게 생각하게 된다.

아마도 이 주제에 대해서는 사람들마다 각자 자신의 생각이 있을 것이다. 여기에서 나는 그 주제의 심리학적 답안인 '사랑의 삼각형 이론 triangular theory of love'에 대해 다루고자 한다.

완벽한 사랑의 '합'을
만들어낼 성性

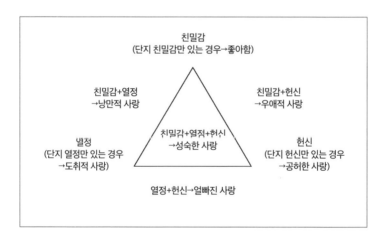

'사랑의 삼각형 이론'을 통해 알 수 있는 것은 사랑의 세 가지 구성 요소인 '친밀함, 열정, 헌신'이다. 이 세 가지 요소가 여러

형태로 결합하면서 완전히 다른 유형의 사랑이 만들어진다.

단지 친밀감만 있는 경우 = 좋아함

단지 열정만 있는 경우 = 도취적 사랑

단지 헌신만 있는 경우 = '말은 절대 증거가 될 수 없다'는 공허한 사랑

친밀함 + 열정 = '뒷일을 생각하지 않는' 낭만적인 사랑

친밀함 + 헌신 = '노부부'와 같은 우애적 사랑

열정 + 헌신 = '일시적 충동' 같은 얼빠진 사랑

친밀함 + 열정 + 헌신 = 성숙한 사랑

그러나 이 모든 요소가 사랑이 되기 위한 전제는 반드시 성, 즉 남녀 간의 육체적 관계를 기초로 해야 한다는 것이다. 성이 있다고 반드시 사랑이 있는 것은 아니지만, 좋아하는 감정을 사랑으로 발전시키고 싶다면 성의 존재가 없어서는 안 된다. 이렇게 말하면 어떤 사람들은 이의를 제기할 것이다.

"나는 플라토닉 사랑을 지향하는데 어쩌죠?"

미안하지만 심리학에서는 플라토닉 사랑을 변태적 사랑이라고 본다. 어떤 사람은 결혼의 3대 버팀목을 '물질, 감정, 성'이라

고 했다. 이 중 한 가지 항목이 충족되면 '억지로 끼워 맞추기'가 되고, 임의의 두 항목이 충족되면 '그럭저럭 괜찮게' 지내며, 세 가지 항목 모두 충족되면 그것은 '하늘이 내려준 천생연분'이다.

우리는 여기서 결혼의 3대 버팀목 중의 하나이며, 없으면 '변태적' 사랑이 되어버리는 '성'에 대해 살펴볼 것이다.

하늘을 뒤흔들고 땅을 울릴
성욕의 롤러코스터

지금부터는 자신의 최근 성 경험을 돌이켜 보자. '오르락내리락 기복이 심했던 신체와 감정의 변화'가 있지는 않았는가? 지금부터 나와 함께 '애욕의 롤러코스터'에 탑승해 성적 여행인 '성 반응 주기'를 되새겨 보자.

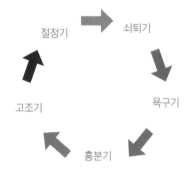

애욕의 롤러코스터의 '예열'단계인 '욕구기'는 강렬한 섹스 충동을 느끼며 '욕정의 불길이 타오르고', '감정을 스스로 억제하기 힘든' 시기를 가리킨다. 이때는 아주 적은 성적 자극과 환상만으로도 '격정적으로 끓어오르게' 할 수 있다. 일단 반응이 일어나면 남성의 '무기'는 평온한 상태에서 반 흥분 상태로 발기하여 순식간에 '머리를 들고 가슴을 쭉 편 채로' 일급 전시 태세에 돌입한다. 이와 동시에 '군대가 움직이기 전에 군량부터 조달하는 것'처럼 후방 지원을 담당하는 고환이 위쪽으로 올라간다. 여성도 적극적으로 '전쟁 준비'를 하느라 '최전선'으로 끊임없이 혈액을 수송한다. 이로 인해 음핵이 커지고 음순이 팽창하며, 질에서는 윤활제가 분비되기 시작한다. '전희'도 이 단계에서 발생한다.

이렇게 사전 준비가 끝나면 애욕의 롤러코스터가 정식으로 출발하고 남녀는 대단히 즐거운 흥분기에 들어간다. 전희 결과, 두 군대는 드디어 '교전'을 시작한다. 남성의 발기한 음경은 단단해지고 색이 짙어진다. 아주 많은 혈액이 한꺼번에 공급되고, 요도 내에 액체가 분비되기 때문이다. '후방 지원 부대'도 더욱 바빠져서 고환이 커져서 더 위쪽으로 올라가고 전립선도 비대해진다. 이때 여성의 질에서는 대량의 분비물이 나오며, 자궁은 위로 향하고 음순도 색이 변한다.

애욕의 롤러코스터는 끊임없이 속도를 내고, 쌍방은 우열을 가리기 힘들 정도로 격렬한 싸움에 돌입한다. 남녀는 매우 강하고 안정적인 흥분을 경험하는데, 바로 이때 숨을 만큼 좋은 희열을 느끼게 된다. 그래서 사람들은 절정기가 오기 전에 가능한 한 이 '고조기'를 연장시킬 방법을 생각한다. 고조기에는 온몸의 근육이 긴장하고 얼굴이 붉어지며, 침 분비가 증가하고 코를 실룩거리며 심장의 박동이 증가하고 호흡이 가빠진다. 이때는 설령 외부의 방해가 있어도 신경 쓸 겨를이 없이 오직 달리는 롤러코스터에 모든 것이 집중된다.

고조기가 지나면 애욕의 롤러코스터는 더욱더 속도를 올려 막판 스퍼트를 낸다. 그 격렬한 정도를 보면 절정기가 도래했음을 충분히 짐작할 수 있다. 이때 남성은 배뇨를 할 방법이 없다. 정자와 오줌은 똑같은 통로로 배출되는데, 이처럼 '중요한 시기'에는 몸이 자동적으로 '교통관제'를 실시하기 때문이다. 즉, 괄약근은 닫히고 방광 입구는 봉쇄된다. 이뿐만 아니라 다른 '작전부대'도 비상상태에 돌입한다. 그래서 정낭이 수축하고, 서로 밀치기 바빴던 정액이 요도로 흘러들어 오며 직장의 괄약근도 닫히면서 여기저기에서 생길 수 있는 난처한 상황을 사전에 방지한다. 마지막으로 음경의 맹렬한 진동에 맞추어 사정이 시작된다.

한편, 여성은 이 시기에 충분히 운이 좋다면 성적 오르가슴을 느낄 것이다. 왜 충분히 운이 좋아야 한다고 말할까? 일찍이 어떤 연구 결과에 따르면, 40%의 여성은 평생 '성적 오르가슴'이 어떤 느낌인지 모른 채 살아간다고 한다. 그만큼 개인의 신체 민감도와 두 사람의 호흡 등의 요소가 종합적으로 어울려져도 여성의 성적 오르가슴은 확실히 느끼기가 쉽지 않다.

여성의 성적 오르가슴은 G스팟 오르가슴과 음핵 오르가슴, 이렇게 두 종류로 나뉜다. 둘 중 어느 것이든 간에 공통적으로 오르가슴을 느끼면 여성의 근육은 리듬에 맞추어 재빨리 수축한다. 질 벽의 아래쪽 3분의 1지점에 있는 근육으로 여성이 '조이면' 남성은 '조여짐'을 느낄 수 있다. 이때 오묘하고도 경미한 근육 마비를 동반하면서 특별한 쾌감을 느끼게 해 주는데, '구름에 둥둥 떠 있는' 기분이라고 해도 전혀 지나치지 않을 것이다. 이어서 쾌감이 아직 다 사라지지 않았을 때, 대량의 윤활제가 질에서 분비되고, 모든 과정이 끝나면서 온몸은 하나의 화려하고 웅장한 눈사태를 경험하듯 녹아내린다.

화려함이 막을 내리고 격정이 다 사라지면서 모든 것이 절정에 다다른 후에, 애욕의 롤러코스터는 급하게 감속하며 여정의 마지막 단계인 쇠퇴기로 접어든다. 사정 후의 남성은 몇 분간의 여운과 허전함을 느끼고 나면 '맥없이 무너지며', 음경은 녹초가

되어 '불응기'에 진입한다. 길게는 몇 시간, 적게는 몇 분간 지속되는 불응기 때에는 그 어떤 유혹이나 자극도 무용지물이 된다. 반면에 여성은 불응기의 영향을 크게 받지 않는다. 이로 인해 어떤 여성은 한 차례의 오르가슴을 느낀 후에도 극도로 피곤해지기 전까지는 곧 두 번째, 세 번째 오르가슴을 느낄 수도 있다.

자위나 질 성교, 혹은 기타 여러 방식으로 성관계를 맺더라도 남성과 여성 대부분 이 같은 다섯 단계의 과정을 거친다. 그런데 남성에 비해 여성은 조금 더 예민해서, 어떤 여성들은 흥분기와 고조기가 매우 짧고 곧바로 절정기가 오기도 한다. 반대로 어떤 여성들은 흥분기와 고조기가 길고 좀처럼 오르가슴을 느끼지 못하기도 한다. 그래서 남녀가 서로 어떻게 '흐름'을 맞춰 나가느냐가 조화로운 성생활의 관건이라고 할 수 있다. 하지만 사람마다 애욕의 롤러코스터의 단계별 표현이 다르다. 예컨대 성적으로 적극적인 사람은 고조기를 느끼기 어렵고 대부분의 경우에 흥분기에서 곧바로 절정기에 도달하여 단번에 일을 끝내기도 한다.

그러므로 자신의 성적 특징을 잘 이해하고 파악하면 그 속에서 최고의 쾌감을 얻을 것이다. 만약 애욕의 롤러코스터가 순리적으로 운행되다가 어떤 단계에서 갑자기 고장이 생기면, 그에 상응하는 성 기능 장애가 나타난다.

성적 트라우마가 만들어낸
성적 결핍

남녀 간의 육체적 관계에서 '성적 취향'의 문제나 예전의 '성적 트라우마'는 성생활에서 상당히 중요하다고 할 수 있다. 우선 두 사례자의 이야기를 살펴보자.

이런 일을 직접 겪기 전에 나는 이것이 얼마나 고통스러운 일인지 전혀 알지 못했다. 나는 올해 32살의 한창 혈기 왕성한 청년이고, 아내는 나보다 한 살 적다. 우리는 결혼한 지 8년이 되었는데 한 가지 심각한 문제를 안고 있다. 아내가 성에 무관심하다는 것이다. 최근 9개월 동안 우리는 단 한 번의 섹스도 하지 않았다. 아이들을 생각하지 않았다면 나는 일찌감치 그녀와 이혼했을 것이다. 매번 내가 아내에게 다가가면 아내는 무성의한 반응을 보이면서 마치 통나무처럼 뻣뻣하게 대놓고 싫다고 딱 부러지게 거절한다.

처음에는 내가 너무 무드가 없고 다정하지 못해서 그런가 보다 생각하고, 촛불을 켜놓고 분위기 있는 식사를 준비하거나 욕조에 꽃잎을 띄워보는 등 이런저런 이벤트를 준비하기도 했다. 그러면 아내는 처음에는 함께 즐기지만, 정작 중요한 순간이 되면 꼬리를 뺀다. 그러다가 자꾸 밀어붙이면 화를 내고, 화를 내다가 울어버리고… 어휴, 정말 답이 없었다.

한번은 내가 도저히 참지 못하고 이혼하자는 말을 꺼냈다. 그러자 아내는 어쩔 수 없이 오랫동안 숨겨왔던 자신의 과거를 나에게 말해주었다. 어렸을 적에 그녀는 자기보다 5살이나 많은 사촌 오빠에게 성폭행을 당했는데, 너무나 수치스럽고 죄책감이 들어 마음속 깊이 묻어두었다고 한다. 하지만 매번 나와 잠자리를 할 때마다 과거가 되살아나서 무척 고통스러웠다는 것이다.

나는 올해 30살 여성이며 기혼자다. 결혼 후 3년 동안 남편은 줄곧 부부생활에 관심이 없어서 우리는 육체적 관계가 전혀 없는 섹스리스 부부로 살아왔다. 나는 혼자 속으로 수없이 질문해 보았다. '혹시 그이가 바람을 피우나? 분명 바람을 피울 거야! 아니면 동성애자인가? 어쩌면 몸에 무슨 이상이라도? 그래, 어디 이상이 있나 봐!'

하지만 이런 근거 없는 추측들은 언제나 금방 번복되었다. 사실 부부관계가 없다는 사실을 빼면 그는 최고의 남편이었다. 항상 나에게 다정다감했고, 남편으로서의 책임도 훌륭히 해냈다. 그러나 나는 마냥 달갑지만은 않았다. 내가 그렇게 못생긴 것도 아닌데 그이는 왜 이토록 나에게 무관심한 것일까? 가만히 지켜보니 그는 평소에도 성과 관련된 것에 거의 무관심했다. 도대체 이유가 뭘까? 나는 아이도 가지고 싶은데….

나중에 그의 친구 중 한 명이 내게 귀띔해 주었다. 남편은 결혼 전에 무척 많은 연애 경험이 있었고 그들은 하나같이 매혹적이고 애교도 많은 여성들이었다는 것이다. 그런데 어쩌다 보니 나를 만나 결혼까지 하게 된 것이다. 하지만 나는 남의 도움도 필요없고 혼자서 맡은 일을 해낼 만큼 씩씩한 여자라서 나긋나긋한 여자와는 거리가 멀었다.

위 사례자들은 어떠한 성적 유혹이나 자극도 그다지 큰 작용을 일으키지 못하고, 그야말로 성욕이 없고 무덤덤하다. 그 원인은 그들이 '성욕 결핍 장애sexual desire disorder'를 앓기 때문이다. 그렇다면 이런 장애가 있다는 사실을 어떻게 판단할까? 우선 두 번째 사례자 여성처럼 가능한 한 원인을 하나씩 '제외시키는 방법'을 써본 뒤, 마땅한 원인이 없다는 판단이 서야 한다.

위의 사례자들은 단지 성에 흥미가 없을 뿐이지만, 다음 사례자는 성관계를 극도로 배척하는 '성적 혐오 장애sexual aversion disorder'를 보인다. 아오아오와 투투 부부의 이야기를 살펴보자.

아내 아오아오는 남편의 음경을 보거나 만지기만 해도 혐오스러워하며 질겁하기 때문에 삽입 없는 부부관계를 갖는다. 이런 혐오감이 어디에서 비롯되었는지는 아오아오 자신도 정확하게 몰랐다. 하지만 최근에 그녀가 삼촌의 장례식에 참석하고 난 후로 그 원인이 명확해졌다.

그녀의 삼촌은 음대 교수로 사람들의 폭넓은 존경과 추앙을 받고 있었다. 아오아오는 9살 때부터 그에게 개인적으로 음악 지도를 받았다. 그런데 삼촌은 '박자 감각'을 가르친다는 미명하에 아오아오를 성추행했다. 요요는 그 일이 너무나 수치스러워서 부모에게조차도 말하지 못했다. 그러다가 12살 이후에는 더 이상 삼촌을 만날 일이 없었고, 삼촌이 그녀에게 한 일도 서서히 '잊혔다.' 그러나 얼마 전 아오아오는 삼촌의 장례식에서 사람들이 고인이 된 삼촌의 인품과 공적을 칭송하는 것을 듣다가 갑자기 분노가 치밀어 올랐고, 혼자서는 감당할 수 없어 꽁꽁 묻어두었던 예전 기억이 고스란히 생각났다. 결국 그녀는 자신이 정상적으로 부부관계를 맺지 못하는 원인이 어디에 있었는지를 알게 되었다.

사랑을 질투하는
변질된 사랑

여러 해 동안 대다수의 사람들은 남성의 성 기능 장애 원인이 단지 심리적 '초조함' 때문이라고 생각했다. 이를 증명하기 위해 아주 특별한 실험을 해 보았다. 몇 명의 젊고 성 기능이 건전한 남성을 세 개의 조로 나누어 포르노를 보여주었다. 영화를 보기 전에 그들은 팔뚝에 한 차례의 전기 충격을 받았는데, 신체에는 무해하지만 다소 고통은 느낄 정도의 충격이었다.

그런 다음 조별로 다음과 같은 상황 설명이 주어졌다.

첫 번째 조: 믿고 안심하세요. 영화를 보는 내내 어떠한 방해도 받지 않을 겁니다.

두 번째 조: 조심해야 합니다. 당신의 팔뚝에 언제 또 전기 충격이 올지도 모릅니다.

세 번째 조: 첫 번째 조의 사람들보다 발기 정도가 떨어지면 반드시 전기 충격을 받게 됩니다.

실험 결과는 역시 가장 초조한 상황에서 포르노를 본 세 번째 조가 가장 저조한 성적 반응을 보였다. 이 실험 결과는 초조한 상태로 실제 섹스를 하는 남성에게 나타나는 반응과 똑같았다.

그러나 얼마 후 이 같은 결과에 반박하는 새로운 목소리가 출현했는데 한 강간 사건을 통해서였다. 강간 사건의 피해자는 모두 남성이었다. 그들 중 한 사람은 그날의 일을 떠올리며 이렇게 말했다.

"당시 나는 여성 범죄 조직에게 무자비한 유린을 당했다. 그녀들은 칼을 내 목에 들이대고 협박하면서 시키는 대로 하게 했다. 그녀들은 수차례 나를 학대했고 끊임없이 나와 관계를 맺었다. 그때 나는 너무나도 무력하고 두려웠지만 염치없게도 내 그것은 여전히 단단한 상태였다."

이 강간 사건의 피해자가 느끼는 초조함은 의심할 여지 없이 대단했을 것이다. 그러나 그는 오히려 순조롭게 발기 상태를 유지하여 강간의 여지를 주고 말았다. 그래서 일부 사람들은 심리적 초조함이 성 장애를 일으키는 유일한 원인은 아니라고 생각했다. 그렇다면 성 장애의 또 다른 원인으로 무엇이 있을까?

혹 '셸 쇼크shell shock'라는 말을 들어보았는가? 이것은 선쟁터에서 흔히 볼 수 있는데, 전투에 참가한 병사가 극도의 공포로 갑자기 두 다리가 마비되고 전혀 움직일 수 없게 되는 경우를 가리킨다. 하지만 전쟁터를 벗어나면 다시 회복되어 자유자재로 걸을 수 있게 된다는 것이다. 이것은 일종의 신체 방어기제로, 전쟁터에서 목숨을 잃지 않으려고 몸이 미리 '거부'하는 것이다. 마치 극심한 고통과 상처를 겪은 사람들이 '선택성 기억상실'에 걸리는 것과 같다.

그렇다면 '성적 장애' 또한 잠재의식 속 두려움 때문에 나타나는 일종의 도피가 아닐까? 무서워서 발기되지 않고 성적 흥분을 못 한다는 말이다. 예를 들어 어떤 남자는 어렸을 때부터 정상적인 성적 반응까지도 그의 어머니로부터 지나친 제재를 받았다. 그는 성인이 되어 결혼을 한 뒤에도 아내 앞에서 '어머니로부터 나쁜 짓이라고 배운' 성적 반응이 잠재의식 속에 나타나면 또다시 어머니의 질책을 받지는 않을까 하는 두려움이 앞섰다. 그래서 오히려 성에 대해 냉담한 반응을 보이거나 성적 불능 상태를 보였다.

또 어떤 여성은 부부관계의 즐거움을 잘 느끼지 못했는데, 그

이유는 매번 남편과 잠자리를 할 때마다 어릴 때부터 성 문제에 대해 유난히 엄격했던 아버지의 표정이 머릿속에 떠올랐기 때문이었다. 하지만 나중에 그녀는 관계를 갖기 전에 남편이 일부러 화를 내면 그 후로 정상적으로 관계를 맺을 수 있다는 사실을 우연히 알게 되었다. 그녀는 그런 징벌이 모든 것을 상쇄시킨다고 여겼다. 그래서 아버지의 불만과 질책을 더 이상 걱정할 필요가 없었고, 그만큼 물 만난 고기처럼 즐길 수 있었다.

한편, 어떤 끔찍한 사건으로 마음의 상처를 입은 경우도 성 기능 장애의 원인이 된다. 예를 들어 예전에 강간을 당한 여자는 성에 대해 완전히 흥미를 잃게 되고 신체적으로 남성과 접촉하는 것을 혐오하고 두려워하게 된다. 삼촌에게 몹쓸 짓을 당한 요요가 남편의 음경을 두려워하고 그것이 자신의 몸에 들어오는 것을 허락하지 않았던 것과 같다.

사람들은 극한의 두려움을 느끼면 사지가 마비되거나 입에 거품을 물고 의식을 잃게 되며, 두려움이 극에 달하면 상대방이 공격할지도 모른다고 생각한다. 마치 놀란 동물들이 공격을 하는 것처럼 말이다. '조루'와 같은 성적 장애도 이런 해석이 가능하다. 즉, 실제적으로 남성의 잠재의식 속에는 두려움 때문에 생기는 공격성이 있어서, 여성에게서 좌절과 실패를 겪으면 마치 겁먹은 문어가 먹물을 분사하는 것처럼 그녀들의 몸을 서둘러 더

럽히려고 한다는 것이다. 그러므로 두려움은 성 기능 장애의 또다른 원인이라 할 수 있다.

앞서 말했듯이 육체적 관계가 없는 사랑은 반쪽짜리 사랑이다. 사랑과 성은 '성애性愛'라는 단어가 있을 정도로 오랫동안 서로를 의지하며 복잡하게 뒤얽혀 있다. 그래서 잠재의식 속 '사랑'이 성 기능 장애를 발생시켜도 실질적인 잘잘못을 따지기는 어렵다. 예를 들어 한 남자가 자신도 모르는 사이에 다른 여자를 사랑하게 되었다면 이로 인해 아내와의 성적 문제가 생길 수 있다. 그리고 그가 사랑하는 여자는 이미 이 세상 사람이 아니거나 혹은 어린 시절의 우상이거나 상상 속 이미지일 수도 있다.

또한 어떤 남자는 자신에게서 잠시도 떨어지지 않는 어머니 때문에 아내를 제대로 사랑하지 못하기도 한다. 많은 남자들이 결혼을 해도 잠재의식 속에서 여전히 자신의 어머니를 그리워한다. 이는 어렸을 때 가졌던 '오이디푸스 콤플렉스'의 연속선상이며, 흔히들 말하는 '마마보이' 기질이다. 이런 남자는 아내의 갈망과는 달리 아내를 자신의 동반자로만 생각하며, 남편의 책임을 다 하지만 기껏해야 '어리광' 같은 사랑밖에 줄 수 없다. 그래서 그들의 배우자로 가장 적합한 사람들은 천성적으로 모성이 강하고 어머니 역할을 좋아하는 유형의 여성들이다. 하지만 만약 그런 배우자를 만났다고 해도 그러한 혼인은 대부분 오래 유지되지 못한다.

반면에 일부 여성들은 자신의 아버지를 사랑한 나머지 남편의 성행위를 받아들이지 못하기도 한다. 그녀들은 남편과 사이가 좋고 배우자를 깍듯이 존경한다. 그렇지만 어찌 됐든 간에 자신의 잠재의식을 속이지 못하고 남편의 성적 자극에 정상적인 반응을 보이지 않는다. 이것은 그런 반응이 그녀의 잠재의식 속에서는 자신의 진정한 '첫사랑' 즉, 아버지에 대한 불충이라고 생각하기 때문이다.

마지막으로 성적 장애를 일으키는 또 하나의 원인으로는 자기 자신에 대한 사랑 때문이다. 타인에 대한 사랑, 예를 들어 남편, 아내, 친구, 형제, 자매, 부모 등에 대한 사랑을 근본적으로 파헤쳐 들어가 보면 확실히 '자기애自己愛'에 뿌리를 두고 있다. 사람들은 잠재의식 속에서 다른 사람을 사랑하는 것이 자신에게 이롭고 자신을 즐겁게 하는 일이라고 생각한다. 사람은 누구나 자기 자신을 가장 사랑한다. 우선적으로 사랑하는 것도 자기 자신이며, 맨 마지막까지 사랑하는 것도 자기 자신이다.

그런데 어떤 사람은 이러한 자기애를 남에게 '전이轉移'하지 못해서 다른 사람과 진실하고 돈독한 관계를 맺지 못한다. 비록 그들도 연애는 하지만, 그것은 사랑을 받는다는 느낌을 위해서다. 그러한 느낌으로 자신들의 허영심을 만족시키고 불쌍한 자신을 시킬 수 있기 때문이다. 이처럼 자신을 아끼는 사람은 성관계에서도 상대방과 섹스를 한다기보다는 상대방의 음경이나 질을 이용하여 '자위'를 한다고 말할 수 있다.

사랑이 없으면 미움도 없다고 말한다. 마치 영화 「경한硬漢」에 나오는 대사처럼 "그녀를 잊는다는 것은 그녀를 미워하지 않는다는 것이다."와 같다. 애증愛憎이라는 말처럼 사랑과 미움의 감정은 이처럼 마구 뒤엉켜서 분명하지 않다. 그래서 '사랑'이 성장애의 원인 중 하나라면 '미움' 또한 마찬가지일 것이다. 그런데 잠재의식 속에서는 왜 그들이 깊이 사랑하는 사람을 '미워하는' 것일까?

사람들은 어린 시절에 느꼈던 감정을 누군가에게 쏟아 내리려고 한다. 가령 어릴 때 어머니로부터 버림을 받은 어떤 바람둥이는 커서 어머니가 자신을 대했던 방식으로 여성들을 대했다. 그래서 상대 여성들을 자신에게 푹 빠지게 만든 다음 무정하게 그녀들을 버렸다.

그들은 성관계에 있어서도 마찬가지로 부드럽고 달콤한 태도로 여성을 흥분시킨 다음, 일방적으로 자신의 욕망만 해소한다. 그렇게 하는 것이 상대방을 좌절시킨다는 것을 잘 알고 있으며, 이 때문에 상대방이 히스테리를 부리거나 어리둥절해하거나 울상을 짓고 울면, 복수 욕망이 더욱 철저하게 만족된다.

어떤 여성들은 남편의 가정폭력이나 배신을 겪고 나면, 딸아이에게 어릴 때부터 이 세상 모든 남자를 조심하고 경계해야 한다고 끊임없이 경고한다. 어머니의 불행을 직접 목격하고, 또 그러한 어머니의 '가르침'을 받으며 자란 여성은 결혼한 후에 잠재의식 속에서 남성에 대한 '복수'를 시작한다. 그래서 부부관계를 거절하거나 성 냉담자로 변하기도 한다.

사실 잠재의식 속에서 남성은 항상 여성을 질투하고 여성도 항상 남성을 질투한다. 일상생활에서나 성관계를 맺을 때 어떤 여성들은 항상 이런 생각을 한다.

'우리는 왜 남자들처럼 섹스를 주도하지 못하지? 왜 이 사회는 남성이 주도하지?'

'남근 숭배'를 기억하는가? 그런 여성이 질투심을 분출할 수 있는 방법은 성에 대해 냉담한 반응을 보이는 것 외에는 없다. 한편, 어떤 남성들은 여성들이 약하다는 이유로 늘 보호를 받는 것을 질투할 뿐만 아니라, 심지어 아이를 낳을 수 있는 여성의 능력을 질투하기도 한다.

1960년대 말, 비틀스 멤버인 존 레넌과 그의 아내 오노 요코는 몬트리올에서 신혼여행을 즐기던 중, 미국의 베트남 전쟁 참전에 반대하여 그 유명한 '평화를 위한 침대시위Bed-in'를 벌이면서 호텔 침대에서 무려 7일간이나 버텼다. 당시 그들이 외친 구호는 '전쟁 대신 섹스하라!'였다.

그래서 나는 마지막으로 여러분에게 이렇게 말하고 싶다.

'미움 대신 섹스하라!'

당시 상황은 아직도 내 머릿속을 맴돌고 있다.

그날 비행기 한 대가 세계무역센터^{WTC} 건물에 부딪혔을 때 나는 그곳 10층 사무실에서 일하고 있었다. 우리는 '쾅' 하는 소리를 들었지만 무슨 일이 일어났는지는 전혀 상상하지 못했다. 잠시 후 어떤 사람이 "도망가! 폭탄이야!" 하고 소리치자, 사람들은 놀라서 일제히 계단을 향해 뛰기 시작했다. 계단으로 가는 길은 이미 먼지와 연기로 자욱했고, 밖으로 나가는 길은 끝이 없는 것 같았다. 그렇게 어렵사리 건물 밖을 빠져나오자, 사람들이 사방으로 흩어져 달아나고 있었다.

콘크리트와 유리가 사방에 날아다녔고, 사람들은 비틀거리며 이리저리 나뒹굴었다. 모두 다 먼지를 뒤집어쓰고 있었다. 건물에서 멀리 떨어진 곳까지 도망친 뒤에, 우리는 그곳에 서서 세계무역센터가 무너지는 것을 보았다. 나는 내 눈앞에 벌어지고 있는 일을 도저히 믿을 수 없었다. 사람들은 비명을 질러댔지만, 나는 이 모든 상황이 믿기지 않아서 그저 말없이 바라만 보고 있었다.

그날 이후 나는 지금까지도 잠을 잘 이루지 못한다. 자려고 노력은 하지만, 잠이 들려는 순간 그날의 상황이 밀물처럼 머릿속에 밀어닥친다.

_미국 세계무역센터 테러 생존자의 외상 후 스트레스 장애

외상 후 스트레스 장애의
세 가지 증상

아직도 그때의 연기와 먼지 냄새를 또렷이 기억한다. 어떤 날은 눈물로 베개를 적시기도 한다. 눈 한번 깜빡이지 않고 천장을 보고 있으면 마치 무너진 세계무역센터의 쌍둥이 건물을 보고 있는 것 같다. 출근을 해도 마음이 딴 데 가 있는 듯 업무에 집중할 수가 없고, 무슨 말을 들어도 들리지 않는다. 또 항상 공중에 붕 떠 있는 듯이 주위 모든 것을 볼 수도 만질 수도 없다. 도시에서 항상 들을 수 있는 경찰차의 사이렌 소리에도 소스라치게 놀라곤 한다.

이것은 2001년 9월 11일 발생한 미국 세계무역센터 테러에서 살아남은 생존자의 생생한 진술이다. 그와 마찬가지로 수많은 사람이 온갖 끔찍한 테러, 강간, 지진, 교통사고, 화재, 전쟁 등으로 심각한 외상을 입는다. 그런 외상 때문에 생기는 심리적 장애가 바로 '외상 후 스트레스 장애post traumatic stress disorder, PTSD' 이다.

'외상 후 스트레스 장애'란 도대체 무엇일까? 우선 외상 후 스트레스 장애의 세 가지 증상은 다음과 같다.

죽거나 헤어진 사람의 물건을 보면 그 사람이 떠오르는데 외상 후 스트레스 장애를 앓는 환자는 자신이 직접 겪은 비극적 사건과 관련된 매개체를 이용할 필요도 없이 어느 때건 당시의 감정을 그대로 느낀다. 원하든 원하지 않든 그 끔찍한 기억과 악몽 같은 장면이 그들의 머릿속에 갑자기 난입하거나 현실과 악몽 속에서 끊임없이 떠오르기 때문이다. 이러한 것을 '플래시백flashback(갑자기 너무 생생히 떠오르는 회상)'이라고 하는데, 그들은 이 때문에 잠시도 숨을 곳이 없다고 느낀다.

"···자려고 노력은 하지만, 잠이 들려는 순간 그날의 상황이 밀물처럼 머릿속에 밀어닥친다. 그러면 두 눈을 빤히 뜨고 무기력하게 세계무역센터가 무너지는 모습, 얼굴에 상처를 입은 사람들, 안타깝게도 목숨을 건지지 못한 사람들, 붕괴된 건물에 깔린 사람들을 다시 보게 된다."

9·11 테러 생존자의 진술을 보면 이 같은 증상을 매우 잘 묘사하고 있다. 이처럼 '상처받은 사건을 또다시 겪는 것'이 바로 외상 후 스트레스 장애의 첫 번째 증상이다.

아주 작은 먼지가 피부 위에 떨어지면, 우리는 그것의 존재를 느끼지 못한다. 그러나 이 먼지들이 뭉쳐진 덩어리가 한꺼번에 우리 몸 위로 떨어지면, 우리는 그것을 볼 수 있을 뿐만 아니라 피부에 주는 압력도 느낄 수 있다. 이처럼 어떠한 자극에 대한 반응을 일으키는 데 필요한 최소한도의 자극의 세기를 '감각 역치sensory threshold'라고 한다. 감각 역치가 크면 클수록 반응을 불러일으키는데 필요한 자극의 세기가 크다. 비유를 들자면, 어떤 사람은 피부에 쌀알 크기의 물체만 떨어져도 바로 느낄 수 있지만, 감각 역치가 큰 사람은 밤톨만 한 물체가 피부에 떨어져야 비로소 알아챌 수 있다.

감정 역치도 이와 같다. 어떤 사람은 상처가 너무 크면 오히려 둔해진다고 말하는데, 과연 그럴까? 어떤 때는 정말로 그렇다. 외상 후 스트레스 장애 환자는 감정적으로 둔해지고 주위 상황에 대해 아무런 느낌도 받지 않는다. 그것을 보고 우리는 그들의 감정 역치가 올라갔다고 말할 수 있다. 그래서 일상생활에서 벌어지는 평범한 일들은 그들의 감정을 자극하지 못한다. 그야말로 '냉담'해지는 것이다.

둔해지는 것 이외에 외상 후 스트레스 장애 환자들은 주변 사람들과 소원해지고 외상과 관련된 생각, 느낌, 대화, 활동, 사람 등 모든 것을 회피하며, 심지어 외상과 아무런 관계가 없는 활동에도 점점 흥미를 잃어간다.

"출근을 해도 마음이 딴 데 가 있는 듯 업무에 집중할 수가 없고, 무슨 말을 들어도 들리지 않는다. 또 항상 공중에 붕 떠 있는 듯이 주위 모든 것을 볼 수도 만질 수도 없다…."

이처럼 '감정적 마비, 소원해짐'은 외상 후 스트레스 장애의 두 번째 증상이다.

자라 보고 놀란 가슴 솥뚜껑 보고 놀란다고 한다. 고통스러운 기억 속 목소리나 장면이 다시 생각나면 환자는 곧바로 가슴이 두근거리고 살이 떨려서 얼른 피하려고 한다. 예를 들어 전쟁터에서 외상 후 스트레스 장애를 얻은 제대군인은 우연히 자동차 템퍼링tempering(열처리의 일종) 소리만 들어도 어디에 숨고 싶을 만큼 놀라며, 전쟁 장면이 떠올라 전쟁터에서의 공포를 또다시 경험한다. 또한 '9·11 테러' 생존자의 말처럼 '도시에서 항상 들을 수 있는 경찰차의 사이렌 소리에도 소스라치게 놀라곤 한다'는 것이다. 그래서 외상 후 스트레스 장애 환자는 고통이 다시 나타날까 봐 수시로 경계한다.

이처럼 외상 후 스트레스 장애의 세 번째 증상은 바로 '지나친 경계심'이다.

이상의 세 가지 증상 외에도 외상 후 스트레스 장애 환자들은 종종 죽는 것보다 더 고통스러운 '생존자 죄책감survivor's guilt'에 시달린다. 그들은 자신이야말로 죽지 못한 것이 한스럽고, 사고에서 홀로 무사히 살아남았다는 사실이 부끄럽고 미안할 따름이다.

수해 중에 살아남은 어떤 사람은 이렇게 말했다.

"너무 부끄럽다. 당시 이웃 사람이 내게 구해달라고 소리쳤지만, 내 가족을 지키느라 그를 도와주지 못했다."

또한 외상 후 스트레스 장애를 앓는 퇴직 군인은 이렇게 말했다.

"난 정말 살인범이다. 나를 용서할 사람은 아마 없을 것이다. 나는 총살당해야 마땅하다. 군사재판의 엄중한 심판을 받아야 한다."

이들에게는 살아남았다는 것 자체가 크나큰 고통이다. 이처럼 수많은 행운아들, 예컨대 2차 세계대전 중에 살아남은 사람들은 가족이 모두 살해당하고 자기 혼자 살아남은 것, 혹은 자신이 나치에게 필사적으로 저항하지 못했던 것 때문에 깊은 죄책감을 느낀다. 그 외에도 일상생활에서 흔히 볼 수 있는 외상 사건, 예를 들어 다음의 사례자도 무거운 죄책감과 양심의 가책을 느끼고 있음을 알 수 있다.

쉬는 날, 4살짜리 딸아이와 함께 완구점에 가서 장난감을 사려고 집을 나섰다. 상점으로 가는 길에 차를 운전하면서 다른 한편으로는 미처 처리하지 못한 업무를 생각하고 있었다. 그런데 앞에서 느닷없이 다른 차가 급하게 우회전해서 들어오더니 눈 깜짝할 사이에 내 차와 부딪쳤다. 그 충격으로 오일 탱크에 불이 붙었고, 나는 바람막이 유리에 머리를 부딪쳐 심하게 다쳤다. 하지만 그것은 절대 최악의 사태가 아니었다. 가장 끔찍한 일은 내 딸이 충돌로 변형된 차 트렁크에 끼인 것이었다. 당시 나는 금속판에 끼어있는 아이를 꺼내려고 안간힘을 다했고, 다행히 불길이 더 커지기 전에 아이를 구할 수 있었다.

이후 병원으로 후송된 나의 머릿속에는 사고 당시 했던 행동들과 상황이 끊임없이 떠올랐다. 만약 당시 내가 제때 딸을 구하지 못했다면 아마도 아이는 심하게 화상을 입었거나 불에 타 죽었을지도 모른다. 한편 내가 그때 차를 운전하면서

딴 데 정신을 팔지 않았다면 그런 사고는 일어나지도 않았을 것이다. 그런 생각이 들자 내 마음은 사고 후에 느끼는 공포와 죄책감으로 가득 찼다. 그것은 육체적인 고통보다 더 많이 나를 괴롭혔다.

이상에서 본 외상 후 스트레스 장애 외에도 한 조사를 통해 특이한 현상이 발견되었다.

제2차 세계대전 중에 수차례 공습 위협을 받은 영국 시민이 외상 후 스트레스 장애를 겪는 확률은 공습의 위협을 받지 않은 사람들과 별로 차이가 없었다. 그러나 범죄 행위(예를 들어 강도나 강간) 피해자의 외상 후 스트레스 장애 발병률은 상당히 높았다. 왜 그런 것일까?

양자의 차이점을 살펴보면 그 이유를 충분히 찾을 수 있다. 원래 공습 위험을 받는 사람들은 거의 죽을 뻔하거나 누군가의 죽음을 경험하는 등의 직접적인 공포를 느끼지 않는다. 바꿔 말하자면 범죄 행위처럼 오직 당사자가 직접 현장에서 끔찍한 경험을 해야 스트레스 장애를 앓을 가능성이 있다는 것이다.

예를 들어 사고 상황을 직접 목격했거나 당시 사고의 소리를 들었거나 냄새를 맡은 경우도 가능성이 높다. 사실 사람의 각종 감각 통로(시각, 청각. 미각, 촉각 등) 중에서 냄새가 남기는 기억이 가장 오래간다고 한다. 그래서 오래된 기억은 주로 냄새와 관련된 기억인 경우가 많다. 중국 드라마 「장왕 송세걸狀王宋世杰」에도 이런 일화가 나온다.

주인공 송세걸은 범행 사실을 자백받기 위해 용의자를 심문할 때 사건 재연을 준비했다. 그는 사건 당시와 상당히 유사한 상황을 만들어놓고 죽은 사람과 닮은 여인을 마치 원혼처럼 꾸민 뒤 용의자에게 자기 목숨을 내놓으라고 말하게 했다. 처음에 용의자는 겁에 질리고 어리둥절했지만 끝내 입을 열지 않았다. 그러자 송세걸은 결정적인 타이밍에 신의 한 수를 내놓았는데, 바로 피해자가 피해를 당할 때 사용했던 화장용 파우더를 현장에 뿌린 것이다. 피해자의 냄새를 맡은 용의자는 당시의 기억이 그대로 되살아났고, 지금 눈앞에 있는 원혼이 진짜라고 믿게 되었다. 결국 그는 통한의 눈물을 흘리며 자신의 범죄를 모두 뉘우쳤다.

수많은 외상 사건이 이와 같은 외상 후 스트레스 장애를 야기한다. 지금부터는 그중 4가지 주요 외상 사건인 자연재해, 학대, 전쟁, 일상생활 속 각종 사고에 관해 살펴보고자 한다.

잠에서 깨면 다시 시작되는
끔찍한 악몽

10월 3일, 베이첸현 농업 주임인 동위페이는 자신이 살던 곳에서 자살했다.

10월 18일, 두장옌 재해 때 다친 뭐구이징온 청두시 제2의원 외과 건물 12층에서 스스로 뛰어내려 목숨을 끊었다.

11월 11일, 안첸 화가이진 용즈촌 주민인 천카이화는 아버지 무덤 앞에서 목을 매어 자살했다.

11월 15일, 베이첸현 레이구진에 사는 양쥔은 집에서 아내를 살해한 뒤 자살했다.

11월 19일, 몐양시 정부반 인사 교육처 처장 허종화는 몐양시 위룽 건물 15층에서 뛰어내려 자살했다.

12월 5일, 베이첸 덩쟈 하이광촌 주민인 주화회는 집에서 목을 매어 자살했다.

12월 10일, 멘양시 하이롄공사 직원인 자오쉐량은 멘양시 중심의원 건물에서 뛰어내려 죽었다.

이것은 2008년 5월 12일 원촨현汶川縣에서 발생한 8급 강진 후에 연속적으로 보도된 7건의 자살 사건이다. 자살은 외상 후 스트레스 장애의 극단적인 현상으로, 수많은 외상 후 스트레스 장애 환자들이 얼마나 힘든 고통 속에서 살고 있는지 알 수 있는 증상 중 하나이다. 그들이 결코 나약하기 때문에 일어나는 일들이 아니다. 그들은 죽지 못해 사는 것처럼 하루하루 힘겨운 삶을 버티고 있는 것이다.

지진이 발생한 지 얼마 되지 않아, 나를 비롯한 생존자들은 임시로 마련된 막사에서 지냈다. 그 후로 6개월 동안 나는 밤마다 거의 잠을 이루지 못했다. 항상 지진이 일어나지 않을까 걱정이 되었고, 끊이지 않는 여진 때문에 늘 바늘방석에 앉아 있는 것 같았다. 사실 나는 잠을 이루지 못한 것이 아니라 잠을 자고 싶지 않았다. 그래서 피곤해도 깨어 있으려고 억지로 버티곤 했다. 매번 잠을 잘 때마다 끔찍한 악몽을 꾸다가 식은땀을 줄줄 흘리면서 잠에서 깨기 때문이다. 나는 꿈에서 내가 건물 위에서 떨어지거나 돌멩이에 맞아 죽는 모습도 보았다. 그럴 때마다 내 심장은 날카로운 칼에 찔린 듯 아팠다. 또 지진으로 돌아가신 어머니 생각과 당시의 처참한 모습이 자꾸만 떠올라 감정을 억누를 수 없었다. 어쩌면 나는 그때 어머니와 함께 죽는 편이 나았을지도 모른다.

이제 나는 사는 게 죽는 것보다 훨씬 더 괴롭다는 사실을 확실히 안다. 어느 날은 지진 발생 이전의 행복하게 살던 우리 가족의 모습을 꿈으로 꾸었다. 하지만 이런 꿈은 악몽보다 더 잔인하다. 꿈에서 깨면 나는 또다시 비참한 현실을 깨닫고 충격을 받아야 하기 때문이다.

지진 외에 홍수, 화재, 태풍 등의 자연재해도 생존자들에게 외상 후 스트레스 장애를 야기할 수 있다. 한 조사 결과에 따르면, 치명적인 수해를 겪고 생존한 200여 명의 사람들 가운데 60%가 외상 후 스트레스 장애를 앓고 있으며, 그 가운데 25%는 14년이 지난 뒤에도 여전히 완쾌되지 않았다고 한다.

학대에 의한 외상 후 스트레스 장애에 대해서도 살펴보자. 학대에는 여러 종류가 있는데 구타 등과 같은 신체적 학대, 강간이

나 근친상간 등의 성적인 학대, 부모가 아이를 무시하는 경우 등의 감정적 학대가 있다. 이러한 학대는 모두 만성적(20년 이상 앓는) 외상 후 스트레스 장애를 일으킬 수 있다. 강간을 당한 한 사례자의 이야기다.

내 삶은 그야말로 고통의 연속이었다. 나는 4살 때부터 8살 때까지 사촌오빠로부터 수차례 강간을 당했고, 12살 때는 친삼촌에게도 강간을 당했다. 33살 때는 낯선 사람에게 강간과 구타를 당했다. 그 긴 세월 동안 나는 잠을 잘 때마다 악몽을 꾸었다. 나는 그런 끔찍한 경험을 떠올리게 하는 어떠한 일이나 물건도 피하려고 노력했다. 그러나 아이러니하게도 내가 그런 과거를 외면하면 할수록 그것들은 내 기억 속에 더 자주 나타났고 아무리 내쳐도 사라지지 않았다. 나는 주변의 모든 일에 서서히 흥미를 잃어갔고 사람들을 멀리했으며, 걸핏하면 화를 내거나 놀라기 일쑤였다. 특히 3년 전에 마지막으로 강간을 당한 후에는 거의 매주 한 차례씩 발작을 일으켰다. 주로 최근에 있었던 일과 관련된 상황에 놓이면 발작을 일으키는데, 가령 속옷을 갈아입을 때도 그렇다. 어떤 때는 우울하거나 피로를 느낄 때도 발작을 일으켰다.

위의 진술을 들으면 『러블리 본즈The Lovely Bones』 내용이 떠오른다. 이 책은 10대 소녀가 강간 살해를 당한 후 영혼이 되어 자신이 죽은 뒤의 세상을 들여다보는 이야기다. 그녀의 가족은 끔찍한 사고를 당한 후 붕괴되고 만다. 그녀의 아버지는 거의 미친 듯이 의심이 갈만한 단서들을 찾아다니며 찾은 증거를 몇 번이나 경찰에게 넘기지만 퇴짜를 맞는다. 심지어 한번은 직접 용의자를 잡으러 갔다가 크게 다쳐 목숨을 잃을 뻔하기도 했다. 그녀의 어머니는 딸을 잃은 고통을 견디지 못한 나머지 결국 집을 나갔다. 그녀의 여동생은 사고의 증거를 찾기 위해서 자신의 목숨도 돌보지 않고 범인의 집에 몰래 잠입했다.

참혹한 사고가 남긴 어두운 그림자는 오랫동안 이 가정을 떠나지 않았지만, 몇 년이라는 시간이 흐른 뒤에 가족들은 조금씩 각자의 길을 찾아 삶을 이어 나간다. 이 모든 것을 옆에서 지켜보면 소녀의 영혼은 그제야 드디어 깨닫는다.

인생이란 마치 사람의 골격과 같아서, 설령 어느 한 군데가 파손되거나 부족해도 기본적인 골격은 계속 온전한 모습을 갖추고 있다는 사실을. 또한 재난과 고통은 인생의 다른 것과 마찬가지로 시간이 흐를수록 서서히 모든 생명과 융합된다는 사실도 깨닫는다.

성폭행 외상을 당한 한 사람은 자신과 비슷한 경험을 가진 사람에게 이렇게 조언했다.

① 자신을 믿어라. 절대 자책하지 말고 자신을 돌봐라.
② 믿을 만한 사람에게 사실을 알려라. 성범죄가 주는 공포와 고통은 혼자 감당하기에는 너무 힘겹다. 당신이 믿을 만한 사람은 어쩌면 한 명의 친구나 친척, 혹은 단 한 명의 인터넷 친구일 수도 있다.
③ 신체검사를 받아라. 설령 특별히 다친 곳이 없다고 해도 가능한 한 빨리 검사를 받아서 내부 손상, 임신, 감염성 질병 등이 걸렸는지를 확인하는 것이 좋다. 특히 강간 증거를 수집하기에 최적의 시간은 사건 발생 후 72시간 이내다.
④ 신고하라. 강간은 중죄다. 서둘러 신고하면 도움이 된다.
⑤ 전문적인 심리치료를 모색하라. 고통에서 벗어나려면 시간과 전문가의 도움이 필요하다.

한편, 다음에 보여줄 '데이트 중에 일어난 성폭행' 과정에서 남녀 각자가 했던 생각을 들여다보면 아마 느끼는 바가 있을 것이다.

여: 내가 처음 그를 만난 것은 어느 파티에서였다. 그는 외모도 준수하고 잘 웃었다. 나는 그에게 먼저 다가가서 말을 걸

고 싶었지만 어떻게 시작해야 좋을지 몰랐다. 또 그 사람에게 내가 너무 적극적으로 들이댄다는 인상도 주고 싶지 않았다. 그런데 마침 그가 나에게로 다가오더니 먼저 자신을 소개했다. 그렇게 우리는 대화를 시작했고, 이야기를 나눌수록 나는 우리에게 공통점이 많다는 사실을 발견했다. 나는 정말 그가 마음에 들었다. 그래서 그가 나에게 자기 집에서 뭘 좀 더 마시지 않겠냐고 물었을 때 흔쾌히 좋다고 말했다. 그는 정말 내 이야기를 잘 들어주었기에 나는 앞으로도 계속 그를 만나고 싶었다.

남: 내가 처음 그녀를 본 것은 어느 파티에서였다. 그녀는 완벽한 몸매에 무척 섹시한 치마를 입고 있었는데, 얼핏 봐도 화끈한 여자 같았다. 우리는 곧 이야기를 나누기 시작했다. 그녀는 줄곧 웃는 얼굴로 나를 대했고 이야기 중간에는 종종 내 팔도 만지작거렸다. 내가 보기에 그녀는 나를 무척 좋아하는 것 같았고 조금은 헤픈 여자 같았다. 그래서 나는 그녀에게 집에 가서 뭘 좀 더 마시겠냐고 물었고, 그녀는 선뜻 좋다고 대답했다. 정말 운이 좋았다.

여: 그의 집에 도착했을 때, 유일하게 앉을 수 있는 곳은 침대

뿐이었다. 나는 그가 괜한 오해를 하는 것은 싫었지만, 마땅히 앉을 때가 없었기에 별말 없이 침대에 걸터앉았다. 우리는 잠시 이야기를 나누었는데, 그러는 사이 그가 나에게 조금씩 다가왔다. 나는 조금 겁이 났다. 그가 나에게 키스하기 시작했지만, 나는 그에게 끌렸기 때문에 키스 정도는 괜찮다고 생각했다. 하지만 그는 곧 나를 침대 위로 밀쳤다. 나는 일어나 앉으려고 발버둥 치며 그에게 그만하라고 소리쳤다. 그러나 그는 너무나 기운이 셌다. 나는 두려워서 울기 시작했다. 어떤 반항도 소용이 없었기에 나는 결국 발버둥 치는 것을 멈추었다. 그렇게 나는 강간을 당하고 말았다.

남: 우리는 집에 도착해서 침대에 앉아 키스를 했다. 처음에는 모든 것이 너무 좋았다. 그런데 내가 그녀를 침대에 눕히자, 그녀는 갑자기 반항을 하면서 그러고 싶지 않다고 말했다. 내가 알기로 대부분의 여자들은 쉬운 여자처럼 보이고 싶지 않아서 어느 정도 빼는 척을 한다고 들었다. 그래서 나는 그녀도 그런 이유로 거부하는 척한다고 생각했다. 아니나 다를까 얼마 후 그녀는 더 이상 잠자리를 거부하지 않았다. 그래서 나는 그녀가 좀 전에 흘린 눈물은 거짓이었음을 확신했다.

여: 비록 아주 짧은 순간이었지만 나에게는 너무나도 끔찍한

경험이었다. 게다가 그의 행동은 너무나 거칠었다. 일이 끝난 후, 그는 별일 없었다는 듯이 나에게 괜찮냐고 물었고, 나를 집으로 데려다주면서 다시 나를 만나고 싶다고 말했다. 하지만 나는 다시는 그를 보고 싶지 않았다. 이런 일이 내게 벌어질 줄은 꿈에도 생각하지 못했다.

남: 일이 끝난 후에 그녀는 여전히 울상이었다. 나는 도무지 이해가 되지 않았다. 나와 자고 싶지 않았다면 왜 여기까지 따라온 것일까? 그녀의 옷차림이나 행동을 보면서 나는 그녀가 이런 잠자리가 처음은 아닐 것이라 생각했다. 정말로 그게 싫었다면 왜 더 강하게 저항하지 않았을까? 정말 모르겠다.

계속해서 세 번째 주요 외상 사건인 전쟁과 관련된 이야기를 들이보지.

나는 올해 마흔이다. 공습이 시작된 그 날부터 줄곧 나는 고향인 내 농장에 숨어 지냈다. 하지만 공습이 시작되자, 우리 집은 박격포에 의해 부서지고 말았다. 이튿날 아침에는 무장 분자들이 마을로 내려와 즉각 고향을 떠나라고 명령했다. 그때 나는 두 눈을 멀쩡히 뜨고 이웃 사람과 친구가 총살당하는 것을 지켜보았다. 우리 가족은 어쩔 수 없이 집, 자동차, 은행예금을 내놓았고, 그들이 전 재산을 몰수해 가는 것도 지켜보아야 했다. 그들 가운데는 우리의 오랜 이웃도 있었다.

며칠 후 우리는 새로운 곳으로 옮겨 생활을 시작했다. 그러던 어느 날 우리 부부는 길을 가다가 또다시 무장분자를 만났다. 그들은 내 남편과 마을 남자들을 끌고 어디론가 가 버렸다. 그 후 5개월 동안 나는 남편이 살았는지 죽었는지도 모르고 지냈다. 나는 죄수를 운송하는 기차 안에서 몇 날 며칠을 보냈는데, 그때는 마실 물도 먹을 것도 하나 없었다. 바로 내 옆에 질식해 죽는 사람도 부지기수였다. 강행군을 할 때는 어쩔 수 없이 죽은 친구와 친척들의 시체 위를 건너서 지나가기도 했다. 한번은 내가 속한 소대가 다리 하나를 건너야 했는데, 다리 양쪽으로 무장분자의 기관총 사수가 배치되어 있었다. 그들은 마구 총을 난사하며 돈이 될 만한 것들은 모조리 다리 아래 있는 그물주머니에 넣으라고 명령했다. 그 후로 또 몇 주가 지나고 나를 비롯한 수많은 부녀자와 아이들은 커다랗고 형편없는 텐트 안에 빼곡히 들어가 지냈는데, 사람들의 울음소리가 끊이지 않았다. 당시 나는 마치 내 머리에 무슨 문제라도 생겨서 완전히 '미친' 것 같다는 생각이 들 정도였다.

지금도 나는 기쁨을 잘 느끼지 못한다. 혼자 있을 때는 지난 일들이 눈앞에 더 생생하게 그려진다. 나는 늘 바닥에 누워 예전 우리 집 모습과 그들에게 빼앗긴 물건 하나하나를 회상한다. 나는 그 모든 것을 볼 수 있다. 매일 밤 그런 고통은 나와 함께 잠을 청한다.

전쟁, 특히 대규모의 전쟁에서는 수천수만의 사람들이 학대와 살육을 당하며 의지할 곳을 잃고 떠돌아다닌다. 전쟁이 가져다주는 참혹함은 군대의 거듭되는 폭행, 수용소 대학살, 조직적인 집단 강간뿐만 아니라 그것 때문에 야기되는 이웃 간의 무정한 약탈과 살인으로 충분히 느낄 수 있다. 예를 들어 아프간 전쟁 중에 아프간 사람들은 수십 년씩이나 전란과 침략을 겪었고 탈레반의 잔혹한 통치도 겪었다. 게다가 미국 '9·11테러' 이후에 그들 국가는 수차례의 폭격을 받았는데, 이로 인해 수천수만의 아프간 사람들이 죽거나 다쳤다. 수천이 넘는 사람이 임시로 마련된 천막에서 살았으며 물과 음식도 충분하지 않은 상태로 황무지처럼 변해갔다.

한 연구 결과에서 따르면, 아프간 난민의 외상 후 스트레스 장애 발병률이 가장 높다고 한다. 그 가운데 특히 부녀자들에게 이런 장애가 쉽게 발생했는데, 그것은 탈레반이 그녀들의 기본적인 인권마저 빼앗았기 때문이다. 그녀들 중 다수가 남편과 가족

친지들의 죽음을 겪었다.

　그렇다면 전쟁에 직접 참여했던 군인들에겐 어떤 외상 후 장애가 나타날까? 1차 세계대전 이후 군인들에게 나타난 외상 반응은 '포탄 혐오', '전쟁 피로', '전쟁 신경증' 등 여러 형태를 보였다. 전쟁터에서 그들은 동료가 죽는 모습을 수차례 목격했고, 동시에 적군을 죽여야 하는 경험을 해야 했다. 이러한 스트레스는 몇 달, 심지어 몇 년 동안 천천히 누적되어 갔지만, 전쟁터나 주둔지에 있을 때는 뚜렷한 증상이 나타나지 않는다.

　이후 군인이 아닌 평범한 일반인의 삶으로 돌아오면 그때 모든 것이 한꺼번에 영향을 주기 시작한다. 그들은 항상 두려움에 떨고 불면증에 시달리며 세상에 무관심하고 충동적이며, 머릿속에는 온통 죽음에 대한 생각들로 가득 차 있다. 그들은 전쟁이 끝나도 영원히 전쟁터를 떠나지 못하고 있는 것이다.

　마지막으로 일상생활에서 종종 볼 수 있는 외상 사건에 대해 살펴보자.

　올해 54세의 나와 내 남편은 작은 마을에 사는 평범한 부부였다. 그런데 2년 전 어느 겨울밤, 우리 마을을 거쳐서 연료를 운송하던 트럭이 눈길에 미끄러져 시내 중심에 있는 상가를 들이받는 사고가 일어났다. 우리 집은 사고 지점 부근이었기에, 나는 트럭의 거대한 폭발음에 놀라 잠에서 깨어났다. 그때 나는 세상이 무너진 줄 알았다. 상가와 위층 아파트는 곧바로 화염에 휩싸였고, 불길은 순식간에 이웃 건물까지 번져 나갔다. 그것은 공포영화나 다름이 없었다. 건축 자재들이 타는 악취가 코를 찔렀고, 도처에 검고 붉은 파편들뿐이었다. 파편들은 공중에 떠다니기도 하고 바닥에 굴러다니기도 했는데, 그 모습이 마치 묘지의 오래된 묘비에서 악마가 기어나오는 것 같았다. 수백 명의 사람들이 이 사고로 목숨을 잃었는데, 대부분 상가 안 사람들과 인근 거주자들이었다.

사고 후 많은 사람이 찾아와 죽은 이들을 애도했다. 그리고 시간이 한참 흐른 뒤에는 상가와 주위 건물들도 새로 지어졌다. 하지만 내 삶은 그날 이후 회복의 기미를 보이지 않는다. 나는 주위 모든 것이 점점 낯설게 느껴졌고, 세상이 온통 거짓처럼 보였으며, 친구들도 점점 멀리했다. 머릿속에는 시시때때로 그날 밤의 광경이 떠오르며, 밤마다 그 광경을 악몽으로 꾼다.

사고 후 1년 반 동안 나는 그 일을 생각하지 않으려고 노력했다. 하지만 그 사고의 기억과 악몽은 여전히 내 삶과 함께한다. 심각한 수면 부족 문제가 발생한 지도 두 달이 다 되어 가는데 그날의 기억은 여전히 생생하다.

위 사례는 상하이 자오저우로较州路 28층 아파트에서 발생한 대화재를 생각나게 한다. 그 사고는 무려 58명의 목숨을 앗아간 참극으로 많은 사람에게 깊은 상처를 남겼다. 이처럼 큰 대형사고 외에도 일상생활 중에 벌어지는 여러 사건 사고는 외상 후 스트레스 장애를 일으키는 경우가 많다.

그런데 여기서 한 가지 궁금증이 생긴다. 왜 어떤 사람들은 사고 후에 외상 후 스트레스 장애에 시달리고 또 어떤 사람들은 그렇지 않은 걸까? 그렇다면 외상 후 스트레스 장애의 형성 원인을 살펴보자.

화와 복은
서로 의지한다

어떤 사람들은 천성적으로 민감한 체질이라서, 똑같은 일을 당해도 다른 사람에 비해 더 쉽게 흥분하고 상처를 받는다. 그런데 민감한 체질이라도 어떠한 조건이나 환경에 따라 반응은 다를 수 있다. 가령 먹고 싶지 않은 것이 아니라 배가 고프지 않은 것일 수 있고, 강한 것이 아니라 아직 끔찍한 일을 당하지 않은 것일 수 있다.

외상 사건의 심각성과 지속시간이 일정한 정도에 다다르면, 민감한 체질이든 아니든 한순간에 기울어져 걷잡을 수 없게 된다. 마치 최전방에서 복역한 시간이 길거나 포로가 된 적이 있는 제대군인이 별다른 경험이 없는 제대군인에 비해 외상 후 스트레스 장애를 앓을 가능성이 큰 것과 같다. 따라서 외상 사건의 '심각성과 지속성'은 외상 후 스트레스 장애의 형성 원인이라고 할 수 있다.

한 연구 결과에 따르면, 가족의 자살, 성폭행, 에이즈로 인한 배우자의 죽음 등을 겪은 사람은 다른 외상 사건의 경험자보다 더 쉽게 외상 후 스트레스 장애에 시달린다. 왜 그럴까? 그러한 사건들은 공통적으로 남에게 말하기 어렵고 사회적으로 수치스러운 일로 여겨지기 때문이다.

이는 만약 사람들이 외상 사건을 겪은 뒤 회복하는 동안 남에게 자신의 고통스러운 감정이나 기억을 말할 수 없고 또 정신적으로 의지할 수 없는 경우, 더 쉽게 외상 후 스트레스 장애를 앓는다는 것을 알 수 있다. 그래서 월남전의 퇴역 군인은 다른 전쟁의 퇴역 군인보다 더 쉽게 외상 후 스트레스 장애에 시달렸다. 미국 사회가 월남전에 대해 부정적인 시각을 많이 갖고 있어서, 조국으로 돌아온 군인이 가족이나 친구들의 지지를 얻지 못하는 경우가 많았기 때문이다.

또 여성이 남성보다 더 쉽게 외상 후 스트레스 장애에 시달리는 것도 아마도 여성이 주로 겪는 외상(예를 들어 성적인 학대)은 남에게 말하기 힘든 수치스러운 상처들이기 때문일 것이다. 반면 남성들이 겪는 외상은 수치심을 가져올 만한 것이 별로 없다.

그러므로 외상 사건을 겪은 뒤에 사회적 지지를 얻느냐 아니냐가 외상 후 스트레스 장애의 한 형성 원인이라고도 생각할 수 있다.

앞서 두 가지 사회적 형성 원인에 대해 알아보았다면, 이번에는 심리적 형성 원인을 살펴보자.

고통은 피하지 않으면 좀 더 빨리 고통에서 벗어날 수 있지만, 이를 피하려고 애쓰면 애쓸수록 고통의 시간은 더 연장되고 괴로움이 깊어진다. 어떤 사람은 외상 사건을 겪은 후에 술이나 약에 의지하면서 자신이 겪은 일을 관심 밖에 두고, 외상의 고통과 영향을 방관자처럼 대하곤 한다. 이렇게 고통을 자꾸 숨기려고 하는 것은 자신을 더욱 고통스럽게 하고 최악의 상태에 빠지게 한다. 그러다가 결국 타락하거나 의기소침해지며, 일이나 가성이 붕괴되고 길거리를 전전하는 사람들도 생겨난다. 따라서 외상의 고통에 대한 '대처 방식' 또한 외상 후 스트레스 장애를 야기하는 심리적 형성 원인 중 하나라고 말할 수 있다.

한편, 외상 사건을 겪기 전에도 우울증이 있었던 사람은 '심각한 외상'을 당하면 정상인보다 훨씬 큰 외상 후 스트레스 장애를 겪게 된다. 이처럼 '우울증'도 외상 후 스트레스 장애를 야기하는 심리적 형성 원인 중 하나라고 할 수 있다.

외상 후 스트레스 장애의 또 다른 심리적 형성 원인은 바로 '신념의 동요'이다. 신념은 대부분 우리에게 힘을 북돋아 주지만, 반면 단 한 번의 고통스러운 경험에도 완전히 무너질 수 있다. 그런 신념 중에 우선 '자신은 절대 상처를 받지 않을 것'이라는 신념이 있다. 많은 사람이 종종 재수 없는 사건들은 남의 일이며, 자신은 절대 그럴 일이 없을 것이라고 생각한다. 하지만 교통사고, 자연재해, 납치, 강간 등의 일을 겪게 되면 그런 착각은 완전히 산산조각이 난다. 그러면 사람들은 마치 세상이라도 무너진 것처럼 좌절하고 무력해지며, 모든 일에 쉽게 놀라거나 의심하며 초조하고 불안한 마음을 감추지 못하게 된다.

두 번째 신념은 '이 세상이 공평하고 의미 있다고 여기는 것'이다. 그러다가 갑자기 도리에 어긋나고 정의가 땅에 떨어진 범죄사건, 가령 테러분자들이 유치원에 폭탄을 터트리거나, 어린 청소년이 우발적으로 친구를 살해하는 등의 사건이 일어나면 신념은 완전히 뒤집히게 된다.

마지막으로 세 번째 신념은 '착한 사람은 반드시 보답을 받는다고 믿는 것'이다. 외상 사건의 생존자는 자신이 평소에 늘 좋은 일을 많이 하면서 착하게 살았는데, 어째서 자신에게 이런 일이 일어날 수 있냐고 말한다. 또한 생존자들은 재난을 당해 죽은 사람들보다 더 나쁜 사람들이 죽어야 마땅하고 생각한다.

그런데 '신념이 동요되는' 경우도 있다. 바로 '스톡홀름 증후군Stockholm syndrome' 이다.

1973년 8월 23일, 스웨덴의 수도 스톡홀름의 한 은행에서 강도 사건이 발생했다. 2명의 납치범이 4명의 인질을 잡고 6일 동안 경찰과 대치한 사건이다. 그런데 뜻밖에도 사건 과정에서 인질들은 납치범에게 연민의 감정을 느꼈고, 경찰들이 납치범보다 한 수 앞설까 봐 걱정하기 시작했다. 심지어 그중 한 여성 인질은 순전히 본인이 원해서 납치범과 스킨십도 서슴지 않았다.

이후 인질들은 납치범에게서 성공적으로 풀려난 후에도 납치범을 원망하지 않았을 뿐만 아니라, 오히려 그들을 위해 해명까지 해 주었다. 어떤 인질은 기금까지 마련해서 납치범의 변호 비용을 대신 지불하기도 했다.

이에 한 스웨덴의 범죄학자는 이 같은 압제자壓制者 혹은 학대자에 대한 피해자들이 연민을 가리켜 '스톡홀름 증후군'이라고 일컬었다.

인질들은 왜 이렇게 비이성적인 태도를 보이게 되었을까? 다음 4가지 해석을 살펴보자.

① 납치범이 인질을 죽이겠다고 위협했고, 인질도 그 말을 의심하지 않았다.

이런 대치 상황에서는 인질은 납치범이 자신들을 죽일 수도 있다고 생각한다. 그러면 납치범이 인질들을 불편하고 불안하게 대하더라도 그들의 처벌이나 학대를 아무렇지도 않게 여기게 된다. 이와 반대로 납치범이 조금이라도 잘 대해 주면, 그런 행동을 전혀 기대하지 않았던 인질들은 과분한 대우에 몸 둘 바를 모르며 속으로 오만가지 생각이 들 것이다.

② 납치범이 인질에게 작은 선의나 선심을 종종 베풀었다.

방금 말했던 것처럼 인질들은 자신이 고통받는 것은 당연한 일이고 그들이 은혜를 베푸는 일은 감사한 일이라고 생각한다. 이 때문에 납치범이 절망에 빠진 인질들에게 물과 음식을 주거나 화장실에 가도록 허락해 주면 무척 감동한다. 심지어 지금 자신이 살아있는 것도 납치범이 자신을 죽이지 않았기 때문이며, 그런 이유로 자신은 일종의 '은혜받은 존재'라고까지 느끼게 된다. 사실이 증명하듯, 납치범이 베푸는 이 같은 '자비'는 스톡홀름 증후군을 형성하는 기초다.

③ 인질은 도망을 갈 기회가 없다.

탈출을 시도하는 인질이 납치범에게 살해당할 위기에 놓이면 인질은 '내 목숨은 완전히 납치범의 손바닥 안에 있다'고 생각하게 된다. 개체는 때로 생존을 위해서 어떠한 일이라도 한다. 인질이 납치범의 명령에 따르고 침묵하는 것이 자신이 다치지 않는 유일한 방식이라고 여기게 되면, 납치범의 말에 무조건 동의하려는 일종의 자아보호 기제가 생기고 살기 위해서 납치범에게 철저하게 복종한다. 게다가 자신이 무력하다고 느낄수록 더 말을 잘 듣게 된다.

④ 인질은 외부 세계와 단절되어 있고, 오직 납치범을 통해서만 정보를 얻을 수 있다.

납치범에 의해 폐쇄된 공간에서 납치범의 강압을 눈앞에 두고 있으면, 인질은 우선 고유의 신념체계가 단 한 번의 충격에도 쉽게 무너지며 납치범에 의해 세뇌당하거나 재사회화되기 쉽다. 만약 운 좋게 '점잖은' 납치범을 만났다면 그의 '인격적인 매력'에 더욱 끌리기 쉽다. 인질이 일단 납치범의 입장에 서게 되면 납치범의 눈을 통해 이 세상을 다시 보게 되는데, 그런 경우 스톡홀름 증후군은 피하기 어렵게 된다.

사실 스톡홀름 증후군은 그리 먼 곳의 이야기가 아니다. 가령 남편의 가정폭력에 시달리는 여성이 마음속으로 느끼는 남편에 대한 강한 연민도 우리가 살면서 심심찮게 볼 수 있는 현상이다. 여기서 가정폭력을 당하는 아내를 인질이라고 볼 수 있고, 폭행을 행사하는 남편을 납치범이라고 생각할 수 있는데, 양자의 공통점을 살펴보면 모든 것이 더욱 분명해질 것이다.

① 피해 여성은 남편이 자신에게 가하는 위협을 충분히 느끼고 있다.

남편은 늘 피해 여성에게 만약 경찰에 신고하면 다음번에는 죽을 때까지 때리겠다고 위협하기도 하고, 또는 여성이 이혼하자고 말하면 그녀나 그녀의 가족들을 죽이겠다고 협박한다. 이것은 피해자에게 극도의 공포를 느끼게 한다. 사람이 오랫동안 두려움과 스트레스 속에서 생활하면 저항력이 점점 약해지고 심지어 아이처럼 남편의 환심을 사려고 한다.

② 남편의 사과는 납치범이 인질에게 베푸는 선행이나 작은 선심에 해당된다.

스트레스 속에서 살아가는 아내는 아주 작은 희망이라도 찾아서 현재 상태가 개선될 수 있음을 바라며 끝까지 남편에 대한 희망을 갖고 있다. 만약 그럴 때 남편이 사소하지만 다정한 태도를 보이면 아내는 남편이 진심으로 후회하고 있다고 착각한다. 폭력이 잠잠해진 사이에 남편은 어쩌다가 아내에게 작은 선물을 사주거나 아내에게 사과하면서 다시는 이런 일이 일어나지 않을 것이라며 약속한다. 그러면 아내는 마음이 쉽게 누그러진다. 그녀들은 이 같은 사실을 증거로 자신과 남에게 증명이라도 하듯이 그가 사실은 좋은 남편이며 어쩌다 한 번 실수를 한 것뿐이라고 말하고 다닌다.

③ 아내는 가정을 떠나기가 어렵다.

아내는 자신이 일찍이 사랑했거나 여전히 사랑하고 있는 사람을 떠나는 일이 대단히 어렵다. 게다가 그녀들은 대체로 가정을 위해서 공부나 승진의 기회를 포기하고 모든 것을 쏟아부었을 것이다. 이처럼 투자한 것이 많으면 버리는 일은 더욱 어렵게 된다. 이 때문에 만약 어떤 가족이나 친구들이 안부를 묻거나 관심 어린 전화를 했다는 이유로 남편에게 몇 시간 동안 가정폭력에 시달렸다면, 그녀는 외부 사람들이 말썽을 일으킨 장본인이라고 생각하며 가능하면 그들과 접촉을 피하려고 한다. 만약 이때 사법부의 간섭이 있어도 피해 여성은 오히려 자신의 몸에 난 상처가 실수로 부딪쳐서 생긴 것이라고 거짓말을 하면서 남편의 형사처분을 원하지 않는다. 폭력을 가한 사람을 경찰이 연행하려고 하면 피해자가 오히려 적극적으로 이를 저지한다. 남편이 풀려나서 더 가혹한 폭력을 저지를까 봐 두렵기 때문이다. 이런 상황에서 그녀들에게 유일한 생존의 길은 그저 참는 것이다. 그렇지 않으면 맞는 횟수가 더 많아질 것이고 상처도 더욱 심각해지기 때문이다.

④ 인질이 납치범에 의해 외부 세계와 단절되는 것처럼, 피해 여성도 자신에 대한 남편의 평가에 갇혀버린다.

폭력을 행사하는 사람은 끊임없이 상대방을 깎아내리고 모욕하며 고의로 자존심에 상처를 입힌다. 이처럼 부정적인 평가를 너무 많이 듣다 보면, 아내는 자신도 모르는 사이에 점점 그 말에 동의하게 된다. 그래서 자신은 정말로 결점이 많은 사람이라 남편에게 맞아도 된다고 생각하게 된다. 또한 자신은 능력도 없고 제대로 할 줄 아는 것도 없으며, 남편이 아니면 못난 자신을 사랑해 줄 사람도 없다고 여긴다. 그녀의 눈에 남편은 공평한 심판관이다. 그녀는 그런 남편의 시선을 끌고 남편의 사랑을 받기 위해서라면 무슨 일이든 한다. 그리고 만약 남편이 폭력을 행사하면, 그것은 남편의 잘못이 아니라 자신의 실패라고 생각한다. 이것은 정신적 학대, 즉 가스라이팅이다.

앞서 언급했던 것처럼 살면서 좌절의 상태에 빠지게 되면 사람의 심리는 자동적으로 보호 기제가 작용한다. 그래서 마치 몸에 난 상처가 자연스럽게 치유되는 것과 마찬가지로 나쁜 자극을 좋은 자극으로 받아들이고 그것을 빌어 그 난관을 통과한다. 흔히 볼 수 있는 심리적 방어기제로는 '합리화, 억압, 선택성 기억상실, 유머, 투사' 등이 있다.

여기서 이야기하려는 것은 '합리화'로 사회에서 도저히 받아들일 수 없는 일에서 모두가 받아들일 수 있는 이유를 찾아내 자신이 받아들이기 쉽게 해석함으로써 진짜 원인을 대신하는 것을 가리킨다. 예를 들어, 어떤 학생은 시험에서 기대 이하의 성적을 받으면 곧바로 선생님이 제대로 가르쳐주지 않아서 그런 것이라고 고집스럽게 생각한다. 또 어떤 남자는 애인과 헤어지고 나서 친구들에게 처음부터 그녀가 자신을 정말로 좋아하지 않았다고 말한다. 진짜 이유보다 그런 합리화가 감정적으로 더 쉽게 받아들일 수 있기 때문이다.

이 외에 소홀히 넘어갈 수 없는 건 '분위기'이다. 이것은 '체제화'라고 말할 수도 있는데, 유명한 할리우드 영화인 「쇼생크 탈출The Shawshank Redemption」에서 이 점을 명료하게 보여준다. 영화를 보면 나이 많은 죄수인 레드(모건 프리먼 분)가 이렇게 말하는 장면이 나온다.

"처음엔 이곳(감옥)을 당신이 싫어할 거야. 그러나 점점 익숙해지지. 그리고 충분한 시간이 지난 후에 당신은 이곳에 의지하기 시작해. 그것이 바로 체제화야."

　사람들에게 잘 알려진 '스탠퍼드 감옥 실험Stanford prison experiment, SPE'도 이와 똑같은 이치다. 이 실험은 24명의 무작위로 뽑은 스탠퍼드 대학생을 모의 간수와 모의 죄수로 나누어 역할을 맡기고 학교에 임시로 개조한 모의 '감옥'을 만들었다. 실험은 원래 2주간 진행될 예정이었다. 그러나 실험을 시작한 지 이틀 만에 '간수'들은 '죄수'가 가만히 감방에 갇혀있는 것이 불만스러워지기 시작했고, 그 결과 이 모의 감옥에서 진짜 감옥(바그다드 중앙 감옥) 안에서 발생했던 끔찍한 사건이 벌어지게 되었다. 즉, 간수들은 죄수들의 옷을 벗기고 종이봉투를 머리에 씌웠으며 성적인 학대를 가했다.

　결국 이 실험은 6일 만에 중지되었다. '스탠퍼드 감옥 실험'이 보여준 결과는 간수들이 자신도 모르는 사이에 감옥이라는 환경의 '눈에 보이지 않는 잠재된 관행'을 따르고, 또 유기적인 개체가 어떻게 환경과 행위의 영향을 받아 변해 가는지를 분명히 드러냈다. 평소 선량하고 법을 잘 준수하던 학생들이 짧은 시간 안에 그토록 폭력적이고 광적인 행동을 할 수 있었던 것과 평소에 독립적이고 자유롭던 학생들이 그토록 빨리 죄수 역할에 몰입하여 간수들의 학대에 반항하지 못했던 것은 오직 '그들이 감옥 안에 있었기 때문'이었다.

오래된 말 중에 '화와 복은 서로 의지한다'는 말이 있다. 사람은 무언가를 잃으면 반드시 동시에 무언가 얻는 것도 있다. 그래서 외상 사건이 발생하고 나면 대다수의 사람은 사건 발생의 원인과 목적을 분명하게 이해하고 그것이 삶에 주는 의미를 파악하고자 노력할 것이다.

나는 몇 달 전 가족을 잃은 사람의 말을 인용하며 이 글을 마무리하려고 한다. 그의 말은 바로 내가 하고 싶었던 말로, 아마 그 속에서 깨닫는 바가 있을 것이다.

> "만약 과거로 돌아가서 내가 그러한 경험을 하지 않았다면,
> 아마도 나는 내 모든 것, 즉 나의 성장과 깨달음을 놓치게 될
> 것이다."

나는 살면서 일어나는 모든 일을 선물처럼 여긴다. 왜, 어떻게 발생했는지는 상관이 없다.

모든 선물이 반드시 기쁨을 가져다주는 것은 아니지만, 분명히 나름의 의미를 가지고 있다. 여태까지 나는 고통도 많이 겪었고 그 속에서 얻은 수확도 많았다. 물론 다시는 그런 고통을 겪고 싶지 않지만, 마음속으로는 그 모든 것에 감사하고 있다. 그것들이 바로 오늘의 나를 만들었기 때문이다.

인생을 살면서 우리는 수많은 기쁨과 슬픔을 겪어야 한다. 그러나 기쁨이든 슬픔이든 간에 그것은 모두 우리 인생을 더욱 풍부하게 해 줄 것이다.

자신의 어둠을 아는 것이
타인의 어둠에 대처하기 위한 최선의 방법이다.

카를 융

사람은 우리가 생각하는 것보다 더 도덕적이고,
우리가 상상할 수 있는 것보다 더 부도덕하다.

지그문트 프로이트